感情の悪魔

清水 久
Hisashi Shimizu

はじめに

なんで、私だけこんな目に!!　こんなハズじゃなかった。

暗いトンネルを永遠に歩いているかのように毎日が苦しい。苛立ち、不安、焦燥感や憤り…。まるでジェットコースターのような人生。ちょっと待って!!　本当は、日常をもっと平穏で、豊かな気持ちで過ごせたらなと思っているのに。なのに、なぜ？　…、どうして？　…

感情に振り回されるばかりの毎日に、そろそろ、さよならしよう。

私自身、昔から、感情に左右される事が多く、周りの言うことをあまり聞かず、冷静で客観的に自分を見られない過去がありました。何かと感情的になり、なんであんな事を言ってしまったのだろう…、なぜあんな行動をしてしまったのだろうと、後悔や反省の繰り返しでした。それでも自分は悪くないと、周りの環境や他責にしていた時期がありました。行き場のない負の感情を何度となく体験してきたからこそ、その苦しみや悩みが、どれだけ辛いのか理解できます。歳を重ねるにつれ感情との付き合い方を知り、感情の正体が何なのかを徹底的に学び、実践し続けてきて今の私があります。本書を手にとったあなたが、もし、同じような状況であれば一刻も早くそこから抜け出し、日々の感情に左右されず豊かな人生を送って欲しいと切に願って本書を書き上げました。

ただし先にお伝えすると、本書を手に取って１８０度、人生が変わりますと言うような、約束ができる一冊ではありません。ただ一つ言えることは、あなたにとって「たしかに」、「そうだよね」と頷く箇所がいくつか出てきます。頷いた後は、すぐに実践に移すだけです。難しい事は、何一つありません。たしかにと納得して終わるのか、それとも自分の感情をコントロールできて、一回りも二回りも変わっていくあなたになるのかは、本書を見終わった後に、ご自身で決めて頂ければと思います。

２０２４年現在も、爪痕が残るコロナショックの影響や、他国の戦争問題で社会や経済が激変していき、先行きの見えない不安や孤独に苛まれ生きる気力を失った人が数多くおります。失業者やうつ病、自殺者が増えて、昨今の物価上昇や止まらない円安や雇用問題など、誰がこんな世の中を想定できたでしょうか。先行きに明るい兆しが見えない日本国内において、今あなたが、おかれている環境や、身近な人への想い、感情の大切さを、今一度理解して、頭ではなく心で感じて欲しい一冊となります。

一言で「感情」と言っても喜怒哀楽と様々ありますが本書では、あなたの中にあるそれぞれの感情との向き合い方や、付き合い方に関して噛み砕いた内容でお伝えしていきます。

一時の感情で、自棄にならず、これからの人生をなるべく失敗や後悔をしないような心の処方箋でありたいという、思いを込めています。本書は各5章の構成でできており、

1章では「お金の悪魔」

お金との向き合い方や価値をきちんと知っていく事で、物質だけでなく、心の豊かさも生まれてきます。そうすることで、今までのお金に関する考え方から、付き合い方まで大きく変わり、あなたにとって今まで以上に「お金」を大切にしていくという思いが、心の底から湧き上がってくるでしょう。

2章では「人間関係の悪魔」

あなたの周りにいる人達との付き合い方や、丁度良い距離感を知る事で、本来の自分らしく、生き生きとした環境を自ら作れるようなヒントが、たくさんあります。ストレスの多くが人間関係に起因しておりますが、どうすれば今より人間関係が円滑になり、改善していけるかを様々な視点から記しています。

3章では「身体の悪魔」
健康第一と言われるように、基本的な生活習慣から、日常で気をつける事、自分を大切にするとこんな効果があると実感できる内容になっております。心と身体は一心同体です。その両面からサポートしてく内容となっており、あなたの感情にも大きく影響していきます。

4章では「仕事の悪魔」
自分の仕事の本質を理解し、どんな感情で仕事に臨めば良いかはっきりと見えていきます。人生の多くの時間を費やす仕事。どんな仕事であれ、何の仕事であれ、「仕事って本当に楽しいと」心から思えるようなマインドの作り方から、結果を最短で到達するための仕事の効率化も図れるので、早速、取り入れてみて下さい。

5章では「習慣の悪魔」
何気なく、日常を当たり前に過ごしていると、気づかない習慣や癖などを自ら修正する事で、人生が好転してくメゾットをふんだんに書き記しております。習慣とは何かをきちんと知ることで、あなたの人生そのものがより輝ける準備ができていけます。習慣で人は作られている。そう言っても過言では御座いません。

また本書には、「悪魔」という残忍、非道、ずる賢いと言う意味が含まれている、パワーワードをタイトルに入れておりますが、意図として完璧な人間などこの世にいないという前提があり、自分の中にある嫌な感情から逃げずに、認めて向き合うという意味合いを込めております。

嬉しい感情や楽しい感情にはとことん浸るなどを身につける事で、今、絶好調の人は更に波に乗っていき、何をやってもなかなか上手くいかない人は、人生の大逆転ができるような準備をするべく客観的に感情を知ることをきちんと理解していくことから、始めていくと、きっと目に見えた形で良い変化が現れていく事となるでしょう。

あなたの気持ちに寄り添う人がいたとしても、本当の気持ちはあなたにしか理解できません。

だからこそ、自分の感情をきちんと見つめていきましょう。


さぁ、本当の心の豊かさを手に入れる準備は出来ましたか？

あなたにとって、たくさんの気づきと今一番大切にする感情を発見し何より、あなたの人生がより豊かになるキッカケになりますように。

２０２４年　４月吉日　　清水　久（ひさし）

目次

第一章　お金の悪魔

この章では、あなたの心の中にいるお金の悪魔との付き合い方についてお話していきたいと思います。

「お金の悪魔」とは、お金にまつわるネガティブな影響や心理的側面を指す表現です。お金は社会や経済において重要な役割を果たす一方で、その追求や所有によって引き起こされる問題や負の感情も存在します。この概念は、お金の持つ力とそれに伴う影響が人々の心や行動に及ぼす影響を表す際に用いられます。

お金は、生活をしていく上でとても大切な存在ですが、その使い方や考え方によってトラブルが生じることがあります。

例えば、無計画な支出や浪費は、お金の悪魔の一例です。一時の感情により欲望に負けて、衝動的に大きな金額の買い物をしてしまったり、自分でも気づかないうちに無駄遣いしてしまうことがあります。また、お金に対する不安や心配が過度になると、心身の健康に悪影響を及ぼします。

昨今、SNSの普及により他人の生活と自分の生活を比べて、常に何か足りない、満たされないというような慢性的な枯渇している感情が続き、物質主義や欲望の強化を引き起こします。他人よりも物をたくさん持つことやブランドで身を固めることこそが幸せだと錯覚し、そのためにお金を浪費してしまうことがあります。これによって、お金以外の本当に必要なものや大切なことを見失ってしまうこともあります。

お金の悪魔と戦うためには、計画的な予算の立て方が非常に重要です。基本的でとても当たり前のことですが、収入と支出をバランスよく管理し、浪費を抑えることが求められます。また、お金だけでなく他の価値も大切にしていきましょう。幸福や満足感はお金だけで全て手に入れることは難しく、あなたを取り巻く、人間関係や自己成長も起因しています。例えば、あなたが億万長者だとして衣食住に関する不安が全くない、物質的にすべて満たされている状態だとしても無人島に一人ぼっちで外部や社会との関わりが一切なければ、いずれ孤独に耐えられなくなるでしょう。


お金は言うまでもなく、とても大事なものですし、時にはお金が原因で大きな争いも起きます。お金があれば心に余裕が出ますし、反対にお金がなければ心が窮屈になってしまいます。

私は、お金が感情を大きく左右する本当に大事なものだと思っています。

ただし、お金は沢山あれば良く、無ければダメといった単純なものでは無いとも思っています。もちろん沢山あるに越したことはないのですが、いつでも使いきれないお金を一生持ち続けている人は、そう多くありません。

大事なことは、お金に対してどういう風に向き合い、付き合っていくかです。

この向き合い方が、この第一章で取りあげる、「あなたの心の中にいるお金の悪魔との付き合い方」なのです。

あなたのお金に関する感情と口癖

皆さんも聞いたことがあるかもしれない言葉をここで一つ紹介します。
これはマザーテレサが遺した有名な言葉です。

「思考に気をつけなさい、それはいつか言葉になるから」
「言葉に気をつけなさい、それはいつか行動になるから」
「行動に気をつけなさい、それはいつか習慣になるから」
「習慣に気をつけなさい、それはいつか性格になるから」
「性格に気をつけなさい、それはいつか運命になるから」

この言葉は、この本全体を通してとても大切になってくる考え方です。
もちろんお金に関してもとても大切な考え方で、口癖で「お金がない」「来月の期日に間に合うかどうか・・・」なんて言っている人がいるかと思いますが、これは私からすると絶対にやめるべき口癖です。
「お金がない」と言ってしまえば、お金が「ない」ことばかりにフォーカスされてしまい、そんな言葉ばかり使っていると、いつの間にか常にお金が「ない」状況になってしまいます。

そしてマザーテレサの考え方を借りるならば、お金が「ない」という言葉ばかり使えば、お金が「ない」状況がずっと続き、あなたの人生は、「お金のない」人生へと自らの意志とは関係なく進んでしまいます。

まさに、あなたの考える思考と使う言葉があなたの運命を決めてしまうのです。

もちろん「お金がある」と言葉にしたからといって、大金が空から降ってくるわけでもなく、口座の残高が増えるわけではありません。

しかし、ここで私が皆さんに伝えたいのはお金との向き合い方です。「お金はない」、でも自分にはもっと大切な色々なものがある、お金がないなら次はどうするのか？という思考をしていく癖をつけて欲しいのです。お金が「ない」ことばかりを考えているとネガティブになっていき視野は狭くなり、打破するためのアイデアも出てきません。どんどん追い詰められていってしまいます。

そうならない為にも、「お金がない」という言葉はできるだけ使わないことがとても大切です。


お金に関する感情と言葉は、私たちの経済的な状況や価値観に影響を及ぼす大きな要因です。お金に対する感情は、人それぞれ異なりますが、それは子どもの頃の経済的な環境や価値観、今まで社会から受けた影響などが今のあなたに大きく影響しています。

お金に対する感情は、喜びや安心、不安やストレスといった幅広いものがあります。しかし経済的な困難に直面した経験がある人は、お金に対して不安や恐れを感じることがあるでしょう。一方で、お金を稼ぐことで達成感や自己肯定感を得ることもあります。さらに、お金は自己価値や成功感の象徴とされることもあるので、これらの感情は、個人の心理的な側面に影響を及ぼし、人生における選択や意思決定にも影響を与えるのです。
「お金は幸福をもたらすものだ」という言葉は、成功や満足感を求める感情を表しており、「お金がなくても楽しいことはできる」という言葉は、物質的な豊かさよりも人間関係や体験を重視する価値観を示しています。

このような感情やお金に対しての言葉は、自己認識や自己肯定感を形成する一環でもあります。自分自身のお金に関する感情や言葉を客観的に見つめ直し、お金に対して常にネガティブな思考ならば、それを抜本的に変えていくことで、より健全な心理的状態を築くことができるでしょう。

では、私が普段どうやってお金と付き合っているかを少し紹介します。

私は普段お金を払うときには心の中でお金に「いってらっしゃい」と伝えています。また、お金が入ってきたときには「おかえりなさい」や「ありがとう」と伝えています。

これを特に意識せずに長年、自然と行っています。

これだけ聞くと少しおかしな人のように感じるかもしれません。ただ、こうやって日頃からお金に感謝の意志と感情を持って接することがとても大切なのです。

例えば、あなたがコンビニでジュースを買ったとして、これはお金に感謝できる使い道なのか、今月はこれだけ仕事をしてお給料を貰ったけど、これは誰かにしっかりと感謝してもらい得たお金なのか、そのお金に自分はしっかりと感謝できるのか。などという細かいところまで気持ちが行き届いているかどうかが、とても大切です。

少しだけスピリチュアルな話にはなりますが、これを実践していくことで日々の生活の中での言動も変わってきますし、普段の行動が自然と変わってきます。少なくとも、あなたの周りで起きているお金が原因で起こる悪いことは確実に減っていくはずです。

騙されたと思って試してみてください。何も手間は掛かりません。ただ、普段の生活の中でお金に「ありがとう」と感謝の気持ちを伝えるだけです。とても重要なポイントですがお金も人も、存在の価値を大切にするから、大切にされるという原理原則を理解すること。まずは、あなたが先に大切にすることを忘れてはいけません。

それがあなたの人生をも変えていく第一歩になるのです。

「今日は何回ありがとうと言ったのだろう。何人にありがとうを言ったのだろう」

これくらいならいいかと思う悪魔のささやき

あなたが、スーパーやデパートに行った際、「本日限り！」「只今半額セール！」なんていう広告やチラシを何度か目にした事が何度かあるかと思います。自分がよく購入する商品であれば、割と強く記憶に残っているのではないでしょうか？

人間ですから、こんな言葉を見てしまうと、「すごいお得」「あ、いいな」「今買わなきゃ」「じゃあ、ちょっと買ってみようかな」なんて思ってしまいます。

実は、ここにも悪魔が潜んでいます。

「お金に関してこれくらいならいいか」と思う悪魔のささやきは、私たちの経済的な判断力に影響を及ぼす要因です。このささやきは、一見すると些細な支出や無駄遣いを正当化し、長期的な収支計画や貯蓄目標を後回しにする誘惑を与えます。

例えば、高額な食事や娯楽活動にお金を使う際、「たまにはいいか」「楽しむ権利がある」と自己正当化をすることがあります。この考え方は、一時的な楽しみや快適さを即時に享受することを選ぶ一方、将来の安定や目標の達成を自分でも気づかないうちに犠牲にしてしまう可能性があります。

この悪魔のささやきは、自制心を妨げ、衝動的な行動を促進します。結果として、節制が難しくなり、収支のバランスが乱れたりいつの間にか借金が増えたりするリスクがあります。これを回避するためには、自分の優先事項や価値観を明確にし、衝動的な感情に囚われず将来の目標に合致するかどうかを判断することが大切です。

また、1日、1週間、1ヶ月の買い物の予算をあらかじめ作成し、一定の範囲内での支出を決めることも有効です。感情に左右されずに冷静な判断をするために、購入前に一呼吸おいて考える習慣をつけることが重要です。目先の出費の積み重ねをするのではなく、長期的な利益や安定を選ぶことで、悪魔のささやきから解放され、健全なお金の管理を実現することができます。

私自身も経験があるのですが、買った後に「何でこんなの買っちゃったのかな」とか、「本当にほしかったのかな」と思い、後々になって見返してみるとやっぱり必要なかったなと思う物、結局1回も使わなかった、そんな物が身の回りにあふれていた事もあります。

これは金額の大小に関わらず、ついつい感情で買い物をしてしまっているということです。ウインドウショッピングに行って「ボーナスや臨時収入があるから、まいっか」なんて気持ちで購入した経験があるかも知れません。

元々買うことを決めていたものではなくてもついつい買ってしまう。

例えば、気の合う仲間とお酒を飲んでいて、楽しくなって、気持ちが大きくなって「今日は細かい金額を考えずに今を楽しむ」「割り勘にすればいいのに全部奢るよ」と散財し想定をはるかに上回る出費。私自身がたくさん、経験しているからこそ

そういった気持ちは凄く分かるのですが、楽しいとか嬉しいとかという、一時の感情で買ってしまうのは極力避けた方がいいのです。ただし、守銭奴やケチになるという事や、大きなストレスを抱えるほど我慢するという事ではなく、正しい使い方を意識してほしいと思います。

今一度、お金への感謝を思い出し、冷静になって本当にほしいのか、それって今すぐ必要なのかどうかを自問自答してみることが大切です。

「感情が乗っている時こそ、冷静な判断を」

お金にも感情がある

お金は紙なので実際に私に話しかけてくれることはありませんし、私が話しかけたところでもちろん返答はありません。(笑)

しかし、ここまで読んでくれた人なら分かるかと思いますが、お金にも感情を持った物だと思って扱うことが大事です。

お金は単なる交換媒体にとどまらず、人々の生活や文化に深く結びついています。この結びつきによって、お金にも感情的な要素が影響を与えます。

このお金が本当に喜ぶ使われ方はなんだろう?

そう考えることで、あたかもあなたのお金が意志を持っているように感じてきます。

時には、自分への頑張りや、目標達成をした後に私利私欲のために使うことも大事ですが、誰かのために使う、ちょっと募金をしてみる、こんな使い方をした時に少し気持ちが温かくなる経験をしたことはありませんか?

あなたが気持ちの良いお金の使い方をすると、使ってもらったお金も気持ちよくあなたの元からいなくなり、気づいたら仲間を連れて戻ってきてくれます。常に散財をしている、無計画に出費が増え続ける人のところにはお金は返ってきません。逆に予期せぬボーナスが出た、臨時収入があった時、はたまた宝くじが当たったなど、その時は感謝の気持ちでいっぱいになるかも知れません。お金を受け取った時の感情と同様に、支払う時も「ありがとうございます」という感謝の気持ちを込めていく心がけがとても大切です。例えば、あなたが毎月嫌々ながら何かしらの支払いがあったとしても、受け取った先で、生計を立てている人がいると思えば、お金が巡って貢献できている事実は変わりません。同じ出費でも自分の心持ち一つで、お金との付き合い方や向き合い方が大きく変わります。

何よりお金には経済的な価値だけでなく、感情的な価値も付与されます。贈り物や記念品として贈られるお金は、感謝や愛情を表す手段となります。こうした使われ方によって、お金は感情的なつながりを築く最大の道具となります。

また、お金にも感情が添えられる、そんな不思議な瞬間が存在します。

例えば、何ヶ月、何年も手に入れることを夢見て、ようやくそのものを手に入れると、心が躍る感覚が広がります。実際に手元にあることを実感して心惹かれ、喜びや満足感が溢れてきます。お金が新しい経験や目に見える形として提供してくれることで、幸福感が深まる瞬間です。

つまり、紙幣や硬貨は単なるお金の形だけでなく、感情や思い出とも結びついているのです。お金が私たちの心に触れる方法はさまざまで、その影響は私たちの日常生活に深く根づいています。

そして、お金は夢やあなたの選択肢を広げる未来へのチケットとも言えます。お金を手に入れることで、ずっと行きたかった海外旅行や新しい学びの場、将来への自己投資が現実のものとなります。お金がもたらす可能性に胸が膨らむ瞬間です。

自分の意志とお金の気持ちを考えて使うことで、お金は仲間を連れて少しずつ返ってきてくれます。嘘だと思うかもしれませんが、まずは試してみてください。それを続けていくと実際の額面以上の価値を持っているように感じられることがあり、あなたの周りにもきっと何かしらの変化に気づき、驚くはずです。

「お金を支払う時にも感謝の気持ちを添えて」

誰に使うか、何に使うか

お金を誰に使うか、そして何に使うかは、私たちの価値観や優先事項を反映する選択です。まず、お金を誰に使うかは、家族や友人、社内の人など予算を考慮しながら決定していきます。家族への支援や友人への贈り物は、愛情や絆を表す手段となります。また、社会的な貢献や慈善活動への寄付は、共感や社会への関与を示すことができます。

次に、お金を何に使うかは様々ですが、目標や夢に合った選択が求められます。生きていく上で最低限必須になってくる生活面だけではなく、例えば教育やスキルの向上への自己投資は、将来の成長とキャリアの発展に繋がります。また、健康やウェルネスへの自己投資は、長期的な幸福感と生活の質の向上をもたらします。

ここまでの話では少し抽象的な感情の話をしていましたが、ここでは具体的にどんな使い方をしたら良いのか、どうやったらお金が喜んでくれるのかをお話できたらと思います。

私自身の話にはなってしまいますが、参考にしてみてください。

私は普段から贈り物をするようにしています。

高額である必要は一切ありません。仲がいい友人や経営者仲間の誕生日は欠かさず何かを贈るようにしています。「おめでとうございます」という言葉と何かプレゼントをしています。

私はこの前の誕生日で41歳になりました。一般的には歳を重ねるにつれて誕生日を祝うことは減っていき、それこそ歳を取ることが悪いことのように感じる人も多いと思います。

しかし、もう41歳の瞬間は二度と返ってこないですし、次はもう42歳になるだけです。20代や30代はもちろん返ってはきません。不老不死の薬を飲まない限り、私だけではなくすべての人がそうです。(笑)じゃあ、その時に私はその人に何ができるのかを考えます。同じ時代に出会えて話ができて、親交を持てたのであれば是非気持ちを込めて、何か贈り物を送ってあげてください。「何をあげたら喜んでくれるかな」「あの人は何が好きだっただろう」なんて思い出しながら考えている時間はあなたにとって、とても有意義で心が温かくなる時間になるはずです。

お礼を言われたくて贈り物をするわけではないですが、贈り物をした相手もきっと、「わざわざありがとう」なんて言ってくれると思います。それはとても嬉しいことですし、その一つ一つの思いを形にすることがとても大切です。

自分のことだけを考えていても世の中は成り立ちません。社会や周囲の方々がいるお陰で、あなたという存在があるのです。

ここで1つエピソードを紹介します。これは私が起業当時の余談になるのですが、駅でSuicaのチャージをしようと順番待ちをしていていたら、高齢男性の明らかにホームレス風の方に声をかけられたことがあります。哀愁漂う表情で「もう3日間何も食べてないのです、何か恵んでいただけませんか…」と言われました。

その時、私の会社の経営は毎月の赤字を出し低迷し困窮していた時期があり、財布に千円札が数枚か入っているだけでした。

この時の私にとって、その千円札一枚一枚がとても貴重なもので、驚きと共に正直悩みました。数万円や数十万万円がお財布に入っていて、千円くらい渡すならOKとなるかもしれませんが、数千円しか入っていない中から千円渡すのはかなり痛手だなと。(笑)

しかし「まぁ、これも何かの縁だから」そうそうある事じゃないと思い気持ちよく「これで何か食べてください」と千円札を差し上げました。そうすると、そこからなんと1週間後にとても大きな仕事が決まりました。お金が何百倍にもなって返ってきてくれたのです。1週間後と書きましたが、これは間違いなく1週間後でした。(笑)

今でもあの時のことを鮮明に覚えています。もちろん今回の件が、全てではないかと思いますが、大きな仕事を頂けた要因の一つになっているのだと改めて思います。この話を、友人に話したところ、そのホームレス風の方は「福の神」だったのじゃないかと言われました。あながち間違いじゃないかも知れないなと、今となっては良かったと思える話でした。

極端な例にはなってしまいましたが、きっと皆さんにも思い出してみてもらうと「あぁ、そういえばこんなことあったな」というような経験があるかも知れません。

その何気ない経験を、「こんなにいいことがあった。これはきっと私があの時にあんなことをしたからなのかな」と自分の中で解釈していけるようになれば、今ある環境やこれから出逢う人などをもっと大切にしていこうという謙虚な気持ちが生まれます。

結局のところ、お金を誰に使うかや何に使うかは、私たちの人生の価値観とタイミングを反映した意思決定の結果です。

実例を挙げましたが、出逢えた人に、今の自分で何ができるのかを考えていくと今までと違った視点や温かい気持ちに気づくはずです。その気持ちや感情を、きちんと受け止めて日々の生活を送っていきましょう。


「お金にも必然があることを知る」

お金は味方でいるうちは最高のパートナー、敵にすると恐ろしい

これは友人の投資家の方からの受け売りの言葉になってしまうのですが、自分の中で、すごくしっくり来ている言葉です。

この「お金は味方でいるうちは最高のパートナー、敵にすると恐ろしい」という言葉ですが、ここまでのお金の話に通じている言葉だと感じないでしょうか？

お金は、適切に扱われる限り味方であり、最高のパートナーとなります。

お金は、私たちの人生において味方となる場合もあれば、敵となる場合もあります。

お金が味方の時、思い通り計画的に欲しいものを購入できたり、買い物をする際にいつまでも悩むことは少ないでしょう。また、お金を教育や健康に自己投資することで、今まで以上に知識を増やしたり、健康を守ったりする事もできます。お金は、私たちの夢や目標の実現をサポートしてくれる強力な味方となるのです。

お金があると心が豊かになって選択肢もどんどん広がっていきます。正にお金が自分のことを凄く支援してくれている味方の状態です。ただお金に味方の側面があるということは、もちろん敵の側面もあるわけです。無計画な使い方や散財をし続けると、本来支払うべきところに対してお金が足りなくなったり、金銭的だけでなく精神的な負担が増えたりします。これによって心配やストレスが生まれ、お金を無駄に使うことや、借金を増やし続けることは、お金を敵に変えてしまう要因となります。

お金が無くなってしまうと、選択肢は減ってく上に、しなきゃいけないこと、やらないとマズイことがどんどん増えていって、心は狭まっていき、自分の仕事にも悪影響が出てきます。

例を挙げると、お金に余裕のある営業マンがいたとして、自分の生活を快適に過ごしている状態であれば、自信満々で「営業行ってきます！」「売上作ります」なんて言えるわけです。

しかし、お金が敵に回ってしまうと「やばい、そんなことより今この借金どうしようか」とか、「明日の支払いどうしようか」ということばかりにフォーカスして、目の前のお客様を蔑ろにしてしまう可能性があります。人によっては、崖っぷちでお尻に火がついた状況の方が結果を出しやすく、頑張れるという方もおりますが、その状態を繰り返すのはあまりおすすめしません。私の経験上、一時は乗り越えられても、同じことを何回も経験すると時間が経つにつれて心身ともに疲弊して感情も麻痺していきます。心身ともに疲れ果てて倒れてしまっては、本末転倒です。

また、お尻に火が付いた状況でしか行動できないようになると、そこに慣れてしまう自分が出来上がるからです。そんな時は一旦、冷静になり今の収支を紙に書き出すと同時に、最悪の事態になった場合も書き出しましょう。そうする事ですぐにやるべき事や、急ぎでやらなくても良いことなどが明確になり優先順位が目に見えて分かってきます。心が狭くなってくると、頭が働かず良い知恵が湧いてこないので、もし仮に、今のあなたが似たような状況に置かれているとしたら、一旦、現状を見つめる時間を作り、紙に書き出し可視化する時間をきちんと作りましょう。

お金があって味方をしてくれている状態は、とても良い状態ですが、実は敵に回った時の方がとてつもなく怖いのです。その事実を知っているのと、知らないのだと今後のお金に対する向かい合い方や付き合い方がまるで変わっていきます。お金を気軽に使いすぎると、未来の自分に制約を課すことになります。未来の自分や家族を大切にしていく為にも、収支のバランスを保ちながら、自分の価値観や明確な目的に応じてお金を使うことが大切で、それにより幸福を築く手助けとなります。

だからこそ、お金が無い時、敵に回ってしまった時の思考をきちんと理解していくことが重要で、自分の貯金や毎月の収支を冷静な目で見て果たして今「どうなのか」「背伸びしていないか」というところを判断できる能力は絶対に必要なのです。要するに、お金はあなたの選択次第で味方となるか敵となるかが変わります。賢明な選択と計画的な行動によって、お金を最高の味方として活用できるのです。逆に、無計画な行動や浪費を続けた先には、お金を恐ろしい敵として私たちに近づけることになります。

お金は味方でいるうちは最高のパートナーですが、「敵にすると本当に恐ろしい！」のです。

「お金が味方で居続けてもらう思考を身につけよう」

必要なものを今一度理解する

人生が忙しくなると、必要以上の物や情報に囲まれ、本当に大切なものを見失いがちです。自分自身を深く知り、心の中で何が本当に満たされるかを理解することで、人生をより豊かにする方法を知っていきましょう。

ここでは、パーキンソンの第二法則について話していきます。

パーキンソンの法則とは、イギリスの歴史学者・政治学者であるシリル・ノースコート・パーキンソンによって書かれた『パーキンソンの法則：進歩の追求』という本のなかで提唱された法則で、第一法則と第二法則あります。

第二法則の部分がお金に関わる部分になります。

パーキンソンの第二法則ですが、「支出の額は、収入の額に達するまで膨張する」というものです。

一言でいえば、お金はあったらあっただけ使っちゃうよね、となります。例えば、毎月の給料の手取りが25万円で今までは毎月それで生活ができていて、給料が30万円になったら毎月5万円を貯金できるかというとそんなことはなく、手元に残るお金は前と変わらない。

皆さんもこんな経験があるのではないでしょうか？

もちろん私も同じ経験があります。今月はいつもより頑張ったしお金に余裕あるから貯金できるなぁなんて思っていたのに気づいたらいつもと変わらないお金しか手元に残っていない。また、一度生活水準を上げてそれに慣れてしまうと、下げるのがなかなかむず難しいのです。

この第二法則からの脱出方法は非常にシンプルです。

簡易的でも良いのでしっかりと家計簿を付けて、自分の支出を把握することだけです。ただ、この手間が実際はとても煩わしくほとんどの人はできずにいる状態です。しかし、世の中の貯金上手や、毎月のやりくりが上手な人を見てみると必ずと言っていいほど家計簿を付けおり、毎月の支出の内容をしっかりと把握しています。

家計簿を付けることが難しいのであれば、少しでも貯金する金額を決めて、お給料が入ったら直ぐにそれを貯金用の口座に移してしまい、残ったお金だけで一カ月生活してみるのも良いかもしれません。自分の口座に一人でも多くの味方を増やす感覚で取り組んでもらえたら良いと思います。

計画的なスケジュール管理を通じて、収支のバランスを取ることを徹底していくだけです。

今すぐ100%始める必要はありません。まずはパーキンソンの第二法則というものがあるということを知ること、日常生活の中で意識することから是非始めてみてください。日々の中で、お金が与えるものだけでなく、その中にある感情や人間関係、成長の喜びがどれほど重要なのかに気付いていきます。お金の価値を大切にすることで、お金よりも大切なものを感じる瞬間もうまれてきます。もちろんお金を効果的に管理することで、仕事やプライベートに対する余裕や柔軟性を手に入れることも可能です。

多忙な現代ですが日々の喧騒から一歩引いて、収支を見つめ直し、心の声に耳を傾け、本当に必要で大切な物や事は何なのかを知り、着実に今まで以上に豊かな生活を心がけましょう。

「面倒なことにあえて向き合うことで、好転するきっかけが生まれる」

なぜ依存症はなくならないのか

これは本書に書くか迷った部分ではあるのですが、実は私の父がギャンブル依存症で、多額の借金を背負いその結果両親は離婚をしてしまいました。反面教師として幸いにも私はギャンブルに依存をせずに済んでいるのですが、ギャンブル以外にも依存をしてしまうものは世の中に沢山ありま す。大前提としてギャンブルを否定している訳では、ありませんが適度に適切にというところが非常にポイントです。昔の言葉を借りれば、「過ぎたるは猶及ばざるが如し」という事です。

依存には大小がありますし、ギャンブルはその中でも依存度が高く生活にもたらす影響も大きいのかもしれませんが、もっと小さな依存は沢山あります。依存症が消えない背後には、過度の生活におけるストレスや心の空虚など、さまざまな要因が絡んでいます。人々はしばしば、不安や孤独から逃れるために、依存症に走りがちです。

SNSやオンラインゲーム、アルコール、ギャンブルなど、依存症の対象は多岐にわたります。誘惑に対して抵抗する方法や、健全な環境づくりの重要性について考えましょう。

身近な例を挙げると、一定の食べ物もそうですし、昨今ではスマホ依存であったり、長時間YouTubeをずっと見続けてしまったり…。

これがその人の人生にどこまで影響を与えているかといった部分は個人差が大きいですし一概に言えない部分ではありますが、自分でも気づかない依存は何かしらあるのではないかと思います。


じゃあ、何故こういった依存がなくならないかですが、ギャンブルの場合は勝ったときの興奮が忘れないであったり、ＳＮＳであれば自分以外の人が何をしているのかが気になって長時間見てしまったり、たくさんの「いいね」や「コメント」を多くもらう事で自己の承認欲求を満たすといった原因が考えられます。

これは分かっていてもやめられなかったり、まぁいいか、と気にしなかったりする部分だと思います。周りに迷惑をかけるような依存であれば自分でも気づきますし、止めてもらえるかもしれません。一方で、そうではない方も一定数はおります。それは人間の複雑な心理や社会的要因と結びついているためです。しかし、本当に小さな依存もあり、例えば帰り道についついコンビニに寄ってお菓子を買ってしまうルーティンや、歩いて数分の距離に毎回タクシーを使ってしまう、こんな依存もあることを知ってもらえたらと思います。まずはあなたの依存症が何なのかを理解し、自己認識を高めましょう。

この小さな依存が少しずつあなたの人生の方向を変えていってしまっているかもしれません。依存症の解決には、いくつかのポイントが重要です。

まず、自己認識が不可欠です。依存症の根本的な原因やトリガーを理解することで、その問題に正面から向き合うことが大切です。まずは、自分自身と向き合うプロセスを通じて、依存症の背後にある感情や欲求を探します。

次に、依存症から抜け出すために、健全な方法でストレスや感情を処理する方法が必要で、依存症の代替えができるような、ストレス発散ができる物や事を見つけましょう。

また、依存症が重度の場合には周りのサポートの構築が大切です。友人や家族、専門家の支援を受けることで、依存症への取り組みが助けられます。最後に、あなたが新たな目標を設定し、意味ある生活を築くことが重要です。依存症から解放された後も、充実感と目標を持つことで、再び依存症に陥る可能性を減少させます。自己成長と喜びを追求する方法を是非探していきましょう。

「依存症から抜け出すには、まず自分が何の依存症かと知るところからがスタート」

商品の価値を知ること

これについては少しだけ先ほど触れた話になります。

「本日限り！」「今だけ！」

この言葉や声を聞いたら要注意です。もう本当にこれだけなのです。

あなたにとってその商品の価値は本当にその値段ですか？

価値を評価する際に欠かせない要因の一つは、価格です。価格は商品のコスト、市場での需要と供給、競合他社の価格と比較して検討します。価格が商品の品質や効能に見合っている場合、その商品は適正価格であると言えます。価格を評価する際には、コストと価値のバランスを考慮し、コストパフォーマンスを見極めることが肝要です。

よくある半額セールなんかでも、値引きされた金額をよく見てみると元々の定価とさほど変わらないなど少し調べてみると分かることですが、感情が乗っている状態だと、ついお得!! 今買っておかないと!!　というのは昂った感情によるものだと覚えておいて下さい。また、感情に訴えかける広告やパッケージも商品の価値を決定づける要素です。広告のトリックやメッセージの裏にある感情の刺激を読み解き冷静な判断を下しましょう。感情に訴えるポイントを見極めることで、あなたは本当に共感する商品を選びやすくなります。高いからといって必ずしも良いわけではありません。同じ効果を持つものでも価格が大きく違うことがあります。良く情報を精査してバランスを取りながら選びましょう。元々狙っていた欲しかった商品が、大きく割引とかであれば購入するべきですが、今回の例は突発的な買い物を指します。世の中には、様々な販売戦略に溢れており、知らずしらず浸透しています。ちょっとしたスーパーやコンビニでの買い物程度であればまだ良いですが、数万円や数十万円をするような高価な物ほど、自分の心に再度聞いてみましょう。商品の品質や効果を見極めるスキルが求められ、価格だけでなく、素材や耐久性、評価などを考慮して、商品の本当の価値を判断することが重要です。また、情報収集やレビューの見方を学ぶことで、より良い選択をしていけるでしょう。それは本当に今必要なのか？　今、買うべきなのか？　と。私が行う方法として、特に高額商品を購入する際は、１日経ってから購入するべきかを考える癖をつけています。そうすることで、翌日には、同じような物を持っているしな、急いで買うほど購買意欲も薄れてきたな。と冷静な判断ができます。１日経ってそれでも、どうしても欲しいというようであればもう迷わず購入するべきです。ずっと欲しい気持ちを持ち続けるのもフラストレーションが溜まっていく一方なので、買うときは買います。商品が私たちの生活や幸福にどのように影響を与えるかを考えることで、本当に価値のあるものを選ぶことができます。一例を挙げましたが、購入後に結局使わなかった、タンスの肥やしになってしまわないようにしていく事が大切です。商品選びは単なる行動ではなく、感情と深い関わりを持つものです。一時の感情に振り回されないように商品そのものの、価値をきちんと見定めていきましょう。

「それは本当に必要か？　値段で決めず自分の心に聞いてみる」

散財は三罪である

「散財は三罪である」という言葉は私が自分で勝手に作った言葉ですが、頭の片隅にでも入れておいてもらえたらと思います。（笑）

散財とは、計画性を欠いて無駄遣いをすることを指します。一定の人が散財に陥ることはあるものの、その結果はしばしば不安や後悔につながることが大半です。あなたがこれから先、三罪をしないためにも、その一つ一つを見ていきましょう。

まず1つめは、衝動の罪。散財をしてしまったことによる金銭面での負担です。一時の感情で物を購入する、必要かどうかを判断する前に、なんとなく買ってしまったなど。これは無駄なお金を使ったことがダイレクトに自分の次の行動に影響を与えてくるものになります。あそこで散財していなければこれができたのに、あんな事ができたのに…　といった分かりやすい罪です。

そして2つめ、逃避の罪。金銭的だけでなく、あなたの精神面に大きく与える負担です。散財をしてしまったことでお金が無くなり、支払いが滞る。けれど現実を見ずに結果として精神的にも追い込まれていってしまいます。そして、この流れに進んでしまうと、そこから先は自分でも気づかないうちに落ちていくだけです。お金がないことで心が窮屈になり金策に走り回る…、またはその状況から逃げ出してしまう。いつの間にか悪い思考のループに陥ってあなたの生活がどんどん苦しくなっていくでしょう。目の前に起きている事象や現状から決して目を背けずに、きちんと向き合うことが非常に大切です。

最後に3つめ、自暴の罪。それは、自分自身が自暴自棄になることで、周りに与える負担が増えてしまうことです。見落としがちですが、実はこれが一番気にしなければいけない大きな罪になります。あなたが散財をすることで他人にも迷惑をかけてしまっていることを見落としてはいけません。

例えば、お金がないことで精神的に余裕のないあなたが友達や家族に強くあたってしまったり、自分なんて価値のない人間だとヤケになる。人間関係も仕事も雑になっていく。この一つ一つが積もり積もっていつの間にか取り返しのつかない大きな罪に変わっていってしまいます。散財は感情や状況に引き寄せられることが多いため、まずは自己認識を高め現状把握することから始めましょう。自分がどのような状況や感情で散財に走りがちなのかを理解し、

お金があろうが、なかろうが心の豊さを決して忘れずに現状の見直しと原点回帰をすることで少しずつでも改善されていきます。大切なのはあなたの心持ちなのです。感情、認識、意思決定の相互関係をきちんと理解し、お金に対してより合理的な判断をしていくことがとても大切です。まぁいいかの連続で取り返しのつかいない事になる前に、

あなたの小さな行動の積み重ねが今後の人生が大きく変わっていくことを忘れないでください。

「お金の使い方に気を付ける事で、人生のあらゆる損失がなくなる」

無駄なものに囲まれて

私は「毎月末が年末大掃除」だと思って生活しています。なんなら毎週末が年末大掃除だったりします。（笑）

これは、それほどまでに自分の身の回りには無駄なものがあるということです。無駄な物は、物理的なスペースの問題や視界に入る情報量の多くを占有し、知らず知らずのうちにストレスや不満の原因となることがあります。まず、物の量と質に注目します。過剰な所有物は、整理整頓が難しく、必要な物を見つけるのが困難になることがあります。できるだけ無駄なものは買わないように気を付けて生活をしていても、一カ月もするといらないものが少しずつ溜まり始めています。それこそ買い物の時にもらったレシートが財布にしまいっぱなしだったり、領収書がテーブルの上に置かれたままになっていたり…。例えば、物を捨てられない一つの課題は、過去の思い出や感情に縛られることです。大切な記念品や過去のアイテムを手放すのは難しいことかもしれません。物と感情のつながりを理解し、なぜ、物を手放すのか？　という心の準備やテクニックを紹介します。

私は、この無駄なものを整理することで心の整理も同時に行っています。

自分の部屋の中にある無駄な物を整理することで、次の必要な物が入ってくるスペースを作ってあげる、自分の頭の中にある無駄な考えを整理することで、良いアイデアが入ってくるという流れです。部屋の整理と心の整理を結びつけることで、今週あった嫌なことも週末にはしっかり整理されて、また来週から１００％の自分で頑張れます。すでに、そういった習慣がある方は、今一度部屋の中や家の中を見渡して、それって本当に必要？　と見直し、必要ないのであれば売ることや捨てることを意識していきましょう。最初は見えるところから着手していき、その次にタンスやクローゼットの中、さらには下駄箱など、そういったところまで気を遣って整理整頓していくことが大切です。物の分別をしていると「もしかしたら必要になるかもしれない」という考えこそ断捨離の悪魔です。物だけでなく、よく仕事も恋愛にも例えられますが、何かを捨てないと新しい物や事が入ってこないという言葉を聞いたことがあるかも知れませんが、本当にその通りです。また、心の中も無駄に埋め尽くされることがあることを考えます。例えばあなたが日々過密なスケジュールや多忙が続いているようだと、精神的な余裕や自分と向き合う、見つめ合う時間を奪うことがあります。いつも分刻みの毎日に追われているようだと、この先も追われたままの生活が続いていきます。

頭にも心にも空いたスペースができる事で、色々なアイデアや新しい事象がそこに飛びこんで来てくれます。そうすることで、常に生活や環境をブラッシュアップしていけるようになるのです。ミニマリストになりましょうと、強く勧めているわけではありませんが、

部屋にも頭にも心にも常にスペースを持って生活しましょう。物を整理することで得られる心の軽さと満足感を実感する為にもまずは目に見える物から断捨離をしていきましょう。

「ほんの少しの捨てる勇気を持ち、心にゆとりを持とう」

ありがとうの気持ちを持つ

ここまで読んでみて、お金がもたらす恩恵に感謝することの重要性を理解できたのではないでしょうか。お金があるからこそ暖かい住まいや美味しい食事、教育などは、私たちの生活の中で当たり前のように存在しています。しかし、その恩恵を再確認し、当たり前のことに感謝の心を持つことが、豊かな生活への扉を開く一歩となります。また、お金を稼ぐ過程にも感謝の気持ちを持つことをおすすめします。仕事やビジネスを通じてお金を得ることは、自己成長や社会への貢献の一環です。自分の経験や能力を活かしてお金を稼ぐことの意義を探求し、その過程にも感謝の意識を持つ事で、さらに仕事への向き合い方が変わってきます。感謝の意識がお金の使い方に与える影響を考えると感謝の心を持つことで、消費による一時的な快楽よりも、長期的な幸福感を重視する傾向が生まれてきます。

自分の努力や知識、経験などの積み重ねにもあなた自身が頑張ってきたと、自己承認の気持ちを込めることで、感謝の心が、周りに拡がり結果として収入の増加や資産形成に影響を与える可能性もあるのです。常に感謝の意識を持つことで、仕事への取り組みやビジネスの展開に前向きなエネルギーが生まれ、収入の増加や今後の成長や成功につながっていくという事です。

繰り返しとなりますが、お金に対しても他人に対しても常に「ありがとう」の気持ちを持って接しましょう。その方が使われるお金も、話を聞いてくれる友人も幸せな気持ちになります。そして、その分あなたのもとに返ってきてくれます。ここで大切なポイントとして、ありがとうをなるべく言葉に出す事です。あなたが発する言葉は、他でもなく誰よりもあなたが一番聞いています。たくさんのありがとうの言葉を発することにより、受け取った相手も嬉しい気持ちになり、その人にも温かい気持ちが生まれて、また別の方へとありがとうのバトンが行き渡るかも知れません。生きていると、もちろん良いことばかりではないですが、どんな時でも、どんな状況にあっても自ら感謝の気持ちを素直に表現できる人は、本当に素晴らしいです。さらに、お金を使う際にも感謝の意識を取り入れることが大切です。お金を使うことで得られる喜びや満足感を感じながら、その使途に感謝の気持ちを込めることで、お金がもたらす幸福感をより深く実感できるでしょう。お金への感謝の重要性を心から理解し、日常生活にお金だけではなく感謝の意識を取り入れる事が、呼吸をするかのように自然と身についてきた時にはあなたを含めてあなたの周りの状況もきっと好転していきます。お金がもたらす恩恵や喜びを自分自身で再評価し、今まで以上により豊かな人生を実現するためのキッカケになればと思います。

私はこの本を書きながら、まだ見ぬ読者の方への感謝の気持ちでいっぱいです。

まだ第一章ではありますが、ここまで読んでいただき、

「ありがとうございます」

「今、どんな状況であっても常に感謝できる人が最強」

第二章　人間関係の悪魔

この章ではあなたの心の中にいる人間関係の悪魔についてお話をさせていただきます。

人間関係の悪魔と聞いてどんな悪魔を想像しますか？

第一章のお金の悪魔と比べると少しイメージしづらいかもしれません。


では、少し質問を変えてみましょう。あなたが誰かとコミュニケーションを取るときに気かけていることはありますか？　この質問であればいくつも答えが出てくるのではないでしょうか？　例えば、相手に不快に思われないように言い回しや伝え方に気を付けている、相手を傷付けないような言葉使いに気を付けている、だらしない人だと思われないように気を付けている、など皆さんそれぞれ自然と気を付けていることがあると思います。

他人とコミュニケーションを取るときに大事になってくるのは、自分自身の心持ちです。そしてその心の持ち方の中に沢山の悪魔が潜んでいるのです。

「人間関係の悪魔」とは、人々の間で生じるトラブルやネガティブな感情、コミュニケーションの問題など、人間関係に関する悪い側面を指します。

これによって、ストレスや不快感を感じることがあります。

人間関係の悪魔は、いくつかの要素から成り立っています。まず、コミュニケーションの不足や伝え方・伝わり方による誤解が関係を悪化させる原因となります。また、異なる意見や価値観が衝突し、対立が生じることもあります。行き過ぎた嫉妬や競争心が信頼を崩し、ネガティブな感情が対相手との関係に溝ができ、縁が切れてしまうこともあります。

これらの問題に向き合っていく例として、まず、あなた自身がオープンなコミュニケーションを心がけましょう。感情や意見をゆっくりと正直に伝え、誤解を避けることが重要です。対立が生じた場合には、相手の立場を理解し、対話を通じて問題を解決する努力をしましょう。また、自己成長を促進し、感情のコントロールを学ぶことで、ネガティブな感情を上手に扱うことができ、それにより軽減することができます。信頼を築き、相手を尊重することで、健全な人間関係を築くことができます。

人間関係の悪魔に対処するためには、あなたの自己開示を前提とした、相手とのコミュニケーションを大切にし、冷静な対応と協力的な姿勢を持つことが大切です。関係の健全さを保つために、問題が生じた際には積極的に解決策を模索して、それらを実行していきましょう。

それでは、具体的な話を一つずつ覗いていきましょう。

良い人はもうやめよう

どこの職場にも、「あの人は良い人だからね」なんて思われている人がいるのですが、ここで取りあげている良い人というのは正に、そんな人のことを差します。

周りから良く見られたい、良い人だと思われたい、という気持ちが強すぎるあまり、人の目を気にしすぎて生きづらくなっている人のことです。私の事はいいからあなたのことを気にして、なんていう人は周りにいませんか？　この考え自体は決して悪いことではありませんし否定もしません。ただ、この考えに囚われすぎるあまり自分らしさが出せないでいる、他人の人生を生きてしまっている人は多いように感じています。

自分が自分を大切にできないと当然周りから大切にしてもらうことはできません。もちろん、社会、職場や家庭でも最低限のマナーや規律は必要ですが、いい意味で自分のことを優先して大切にする癖を付けてください。

ここで良い人であることがもたらす潜在的な課題と、健全な関係と自己実現を追求する方法に焦点を当てています。良い人であることは善意や協力心から生まれるものである一方、過度な自己犠牲や他人の期待に囚われることがあることが多々あります。

まず、良い人であることが引き起こす自己犠牲に関して考察すると他人の要望や期待に応えることが善とされるが故に、自身の理想や欲求を犠牲にするケースがあります。きちんと自己犠牲の限界を理解し、自己実現とバランスを取る事が大切です。

さらに、良い人であることが生じる対人関係の偏りについて掘り下げると、他人の幸福を優先するあまり、自身の感情や意見を押し隠すことがあるため、健全なコミュニケーションや真のつながりが妨げられることがあります。それにより本当の自分がわからなくなってきます。

また、良い人であることがもたらすストレスや疲労についても言及すると、他人を助けることに全力を注ぐあまり、自身の健康や幸福を犠牲にすることがあるため、自分でも気づかないうちに体調不良になっていったり、ひどい場合だと鬱になったりと心身の健康への影響が懸念されます。それは、他人を優先するあまりに自分の人生を蔑ろにしている結果です。

ここで私の好きな言葉を一つ紹介させてもらいます。インドの教えで

「人に迷惑をかけているのだから人のことも許して助けなさい」

というものがあります。

正にこの通りではないでしょうか？　自分も自分自身を優先しているのだから、他人もその人自身を優先することは当り前で、その中で人にかける迷惑や、かけられる迷惑があるのも当り前、だから人のことを許しましょう。もちろん、故意に迷惑をかけてしまうのはもちろん良くない事ですが、人を許すのだから自分もきっと許されるはずです。誰かを憎み、恨み続けるほど無駄な時間はありません。決して、いい人＝都合のいい人になってはいけません。

こう考えればきっとあなたの人付き合いも楽になり、ありのまま自分自身の人生を生きることができるはずです。

「誰の人生なのかを考える。自分軸を持つように」

ありのままの自分で生きていく

良い人をやめることができたあなたはこれから本当の自分の人生を生きていくことになります。

その、ありのままの自分を生きていくということがどんなことかについて説明をさせていただきます。

人生は一度きりです。誰かのために生きているわけではありません。良い人をやめたら、次に自分の気持ちに正直になり、もっとわがままに生きてみましょう。

ありのままの自己を受け入れて生きることの意義を見直していく為には、社会や他人の期待にとらわれないことを意識しましょう。周りの目を気にしすぎない事が大切で、自分自身の価値を認識し、真に充実した人生を築く為には何をすべきかを考え行動に移しましょう。

まずは、自己受容の重要性に焦点を当てます。自分自身を認め、過去の選択や失敗に対しても寛容な気持ちを持つことが、心の平穏さと自己成長を促進します。自己受容が自尊心や自信の基盤を築く鍵であると同時に、他人との関係性をより健全にします。

次に、自分自身と向き合う過程についてですが、自己受容の鍵は、自己認識と向き合い、自身の価値観や情熱を明確にすることです。そこでの本来のなりたかった自分を再認識して、今何ができるかを一個ずつ着実にこなしていく事です。


また、他人との比較や社会的な期待に振り回されることなく、自己の道を歩む為には、自分自身の価値観をより大切にし、他人との差異を最初から否定するのではなく、まずは受け入れつつ、自分の個性を表現する環境を自ら作っていきましょう。

果たして、あなたは自分のことをどれだけ知っていますか？

意外と自分自身のことを知らない人は多いもので、理想の自分だけを追い求めて、現実をぼんやりと見てしまっています。そして現実の自分との落差に落ち込んでしまいます。本当はこういう風になりたいのに、本当はもっとこんな生活をしたいのに、なんで私はこのままなのだろうとか、こんな人みたいになりたいのに、なんで？　どうして？

特にＳＮＳが普及した現代では人と比べてしまいがちです。ＳＮＳで見えている個人なんてブランディングされた本当の姿ではないかもしれないのに。

人は、自分にはないものを持っている人に憧れや魅力を感じます。

そうやって自分の理想を追いかけて、それを今の自分に重ねてどんどん作られた自分ができ上がっていき、どこまで行ってもゴールはない為、気づけば本当の自分が分からなくなってしまいます。

きっと本来のあなたは、もっとわがままで、自分では気づいていないだけで作られたあなたよりもずっと魅力的なはずです。時には弱みを見せることも大切で、もっとわがままでもいいのです。

自分の弱みや欠点に蓋をし続け、強がって生きると人生そのものが苦しくなっていき無理が生じてきます。他人のわがままや欠点もしっかりと許してあげることも忘れてはいけません。そうすることで、些細な事でイライラすることが減り、今までと違った感情の変化に気づくはずです。

他人の評価や周囲の期待に縛られず、自分の内なる声に耳を傾けて、真に充実した人生を歩んでいくことで、あなたがあなたらしい人生を手に入れることができるのです。


「あなたは唯一無二の存在で替わりはいない。本来のあなたが最高だと知る」

嫌われたくない自分との決別

ここで少し私の話をさせていただきます。

きっとここまで読んだ人は、じゃあ清水はどうやって人と関わっているのか？　偉そうなことを言っているけどコンサルタントなんて、クライアントみんなに良い顔をしているのではないか？　なんて思っている人もひょっとしたらいるかもしれません。たくさんいたら悲しいですが（笑）

学生時代はさておき、社会人になってから昔の私はみんなから好かれようとばかり努力し、時間を費やしてきました。相手に対する、気遣い、言葉使い、距離の保ち方や所作に至るまで。社内だけでなく、日常においても四六時中意識をしていました。今考えると自分でも気づかないうちに、無理をしていたのだなと思うところがあります。正確には人に嫌われることが凄く苦手で、基本的にはなるべく敵を作らないようにニコニコして、常に笑顔でいるタイプの人間でした。当時の私は、自分が傷つくのが本当に怖いガラスのハートの持ち主でした。特に30代に入り会社を経営するようになってからは、周りに余計に良い顔だけをしている八方美人だと思われていたかもしれません。ただ、そんな私が180度、考えを変えるきっかけになる出来事がありました。

当時の私はまだコンサルタントとして駆け出しで、起業や独立のサポートを全般的にするべく業務をメインに行っておりました。その時はこれから起業したいのです、という方のお手伝いをしていました。ある時、20代の男性から相談を持ちかけられました。

彼はこんな事業を発展していきたい！とは言うもののいつまで経っても結局着手せず、何かと言い訳をし、やらない、できない理由ばかりを口にし、時間だけが経っておりました。一方、私も相手はクライアントですし嫌われたくなかったので優しい口調でなんとか彼の気持ちを前向きにできるよう、傾聴し話を進めてきました。

そんな時間が続いている中で、私の中でいくつかの思いが浮かんできました。

1つは、本気でこの人の人生を変えていくのであれば厳しいことを言わなければいけない、このままだと目の前にいるクライアントは、一生変われないだろう、というものです。

2つめは、そのために厳しいことを言って自分が嫌われても仕方ない、自分が嫌われてもいいから言いにくい事を明確に伝えないと、一向に先には進めない、というもの。

そして3つめ、これが大事なのですが、遠回しに事実を伝えずにストレートに発言する。

「そんな考えだからダメだ」というネガティブ思考や「チャレンジすることの大切さ」を面と向き合い真剣に厳しく伝えました。目の前のクライアントの成功を心から応援する気持ちや、自分自身の素直な気持ちが表れていたと思います。

それまでは、できる限り彼の力になりたいという思いはあったのですが、嫌われたくないという思いが、私自身にもブレーキをかけて本当の心からの言葉が伝えられていなかった、自分の気持ちが100%伝えきれていなかったのかもしれません。いくら丁寧に分かりやすく伝えても、相手の心に刺さり行動しなければ全く意味がなく、形式通りのロジックやマニュアルだけでは現状維持か衰退しか未来が見えなかったので、私が本気で向き合わないとクライアントは、一生変わらないという思いを込めて伝えました。その出来事をきっかけに彼も大きく変わり無事に独立し、今では、個人事業主を経て法人成りして、さらには、子会社をもつ立派な経営者になっています。ただし、ここで注意するポイントは、罵声を浴びせる事や威圧するなど、恐怖で行動してもらうことはＮＧ

です。理性を失って、怒り心頭で話すと相手との大きな溝ができ、マイナスな結果しか生まれないので気をつけて下さい。自分を偽ったり、他人に合わせたりすることで、自分の本当の気持ちや欲求を抑えてしまいます。他人の評価よりも自分自身の感情を大切にすることが、結果として心の安定とあなたの自己肯定感を高める手助けになることに繋がるので、しっかりと意識していきましょう。

もちろん時と場合によりますが、あなたの思っている感情を表に出すことが大事なことなのです。そうする事で、あなたの中にいる良い仮面を被った、臆病な悪魔と決別できるようになってくるからです。自分の中にあるわだかまりから解放され、自分らしさを大切にすることで、深い人間関係の構築ができていき、より充実した自己表現と心の安定を実現する事となるでしょう。あなたらしさを出した結果、嫌われて離れてしまう人もいるかも知れません。ですが、縁がなかったときちんと割り切る事が大切で、本来の人間関係の見直しができます。きちんと人間関係を整理することであなたのステージが上がり、取り巻く環境も変わってくるはずです。

「万人受けを目指さない。いい人で損をしない生き方を」

3ユーのススメ

3ユーのユーですが、「許し」「愉快」「緩み」になります。

3ユーとはこれも私独自の造語になりますが、この3つのユーを意識していくことが日常を過ごしていく中で、とても大切になるので一つずつ説明をさせていただきます。

まずは「許し」です。これは前にも少し触れた、「人に迷惑をかけているのだから人のことも許して助けなさい」という考えの延長線上の話になります。

人に対する怒り、自分自身に対する怒り、これはどんなに順風満帆に見える人でも持っている感情です。

ただ、この怒りの気持ちは持ち続けていても良いことはありません。このマイナスな感情を持ち続けることで仕事にも人間関係にも悪い影響を与えてしまいます。大事なことは相手のことはもちろん、自分自身をきちんと許すことです。特に完璧主義の人にその傾向が見られて、怒りの他に併せて、憎しみや妬みなどの感情にも気をつけていきましょう。

次に「愉快」ですが、愉快な感情を持って生活をしていると小さな嫌なことは全部帳消しになります。

皆さんもこんな経験はありませんか？　普段だったら怒るような事象だけど、今は楽しい気持ちだから許しちゃう、まぁいっかなんていう経験。これが「愉快」の力なのです。自分の感情を最大限プラスに持って行って、ちょっとやそっと悪いことが起きたくらいじゃ、そんなことどうでもいいや、それよりも今を楽しもうと流せる力です。まるで、スーパーマリオのスター状態みたいな感じでしょうか？　例えが、分かりづらかったら申し訳ありません。(笑)。不思議と常にゴキゲンな人がまた新たな、ゴキゲンな出来事を作っているのです。

最後に「緩み」です。これはリラックスのことです。緊張をしていると本来の力は出せないもので、リラックスをしている状態の方が本来の自分の力を出すことができます。例えばスポーツなんかでも、練習の時は素晴らしい結果やパフォーマンスができる人でも、本番には滅法弱いみたいな…。リラックスした状態だと、**精神的に低緊張な状態**にあり、この状態では、怒り・不安・恐怖から解放されているので、いつも通りの動きができるようになります。

この３つのユーを意識して人と付き合うことで今までよりも、もっと人と仲良くなりその人のことを知ろうとするので、距離がグッと近づいていくのです。

そしてその人の目に映るあなたはとても魅力的であることは言うまでもありません。


「今日もゴキゲン。明日もゴキゲン。その繰り返し」

ずるく賢く潔く

今の日本の教育は優秀なサラリーマンを作ることに凄く特化をしています。右向け右が正しく、いかに協調性を持って行動できるか。

真面目で言われたことを正確にこなす能力を高めることが良しとされ、そこを目指す教育です。

もちろん、ミスがなく指示通りに動ける事は、とても素晴らしい能力ですし生活をしていく上でも、必要になってきます。ただし、馬鹿正直に生きていける程、世の中や社会は甘くありません。そのことを紐解いてお伝えできればと思います。

まず、ずるさは柔軟性や創造性を引き出す一方、過度にずるさに頼ることは信頼を損なう恐れがあります。適切な場面でずるさを活用する方法や、他人に害を与えない範囲でずるさを発揮していきましょう。

残念なことに、馬鹿正直で生真面目というのは結構損をするものです。ずるい人が得をして真面目な人が損をするという構図は意外にも世の中にありふれています。いかに楽をして最短で行動して成果を出すかを考えることはとても重要で、ずるいというのは、効率よく上手に立ち回るということでもあります。画期的なアイデアを生み出すクリエーターは、枠の外で物事を考え、新たな可能性を模索して、実現するからこそ素晴らしい商品が世に出る訳です。クリエーターに限らず、何かゴールが決まっている場合に色々な側面から物事を考え、実践する事で最短で辿り着ける道が見えてきます。次に、賢さがもたらす影響についてですが、知識や洞察力を最大限に活かし、冷静な判断を下すことで成功を収めることがあります。しかし、賢さだけでは他人との共感や信頼が得にくい場合もあるため、賢さだけに頼るのではなく、他の要素との組み合わせが重要です。

自らが考え常に、こうやったらこうなる、といった想定や算段を付けて動くことが非常に大事です。ずるがしこくと言うと聞こえは悪いですが、決して悪いことではありませんので、頭を柔らかくして、視野を広く持ち考える癖を持ち意識をしてみてください。

また、決断をするときは潔さが大事になってきます。潔さの重要性について考えます。正直さや倫理的な行動は信頼を築くために欠かせません。潔さがあることで、他人との良好な関係を構築し、自己評価も高めることができます。どんな場面においても決断スピードを上げていくことで次の一手を打ちやすくなります。理由は後付けでもまずは直感で決めてしまうことをおすすめします。イギリスのロンドン大学の研究によると直感で行動したときの方が迷って決めた時よりもいい結果に繋がっているという研究結果も出ています。直感は時に第六感とも言われるほど正確であり、過去の経験や学習が影響を与えることがあります。特に複雑な情報や迅速な意思決定が求められる状況で、直感が有用な情報を提供するとされています。

皆さんにもずるく、賢く、潔くを気にしながら行動をしてみることをおすすめします。その結果、生活面・仕事面においてのあなたの能力値や成果が上がり心の余裕も生まれてくるようになります。広い視野を持ち、スピード感を持って即行動に移していきましょう。

「自ら新しいやり方を探し試すことで、あなたの価値が高まる」

絶対はないと知る

結局、人の本心は誰にも分かりません。

口ではこう言っているけど実は全然違うことを思っているなんてことはよくあります。

例えば、信頼していた大事な友人や知人に裏切られたとか、だまされたなど。何十年と生きていたら一度か二度経験したことがある方もいるのではないでしょうか。

私自身も友人と新規事業を今まで立ち上げて志半ばで挫折したり、時間と労力をかけて作り上げた大きなプロジェクトが直前で、頓挫してしまったり。それによって共に頑張ってきた仲間が離れていく経験が何回かありしました。

言葉遊びみたいになってしまいますが、「絶対」なんてことは絶対にありません。大事なことは、人間関係において絶対的な「正しい」や「間違っている」という視点よりも、相対性が重要であることを考えていきましょう。私たちが異なるバックグラウンドや経験を持つ他人と接する際には、相対性を理解することが、共感や理解を深める鍵となります。

相対性の視点から人間関係を見る意義について考えると、絶対的な正解や評価がないことを理解することで、他人の立場や感情を尊重し、共感する力が高まります。相対性の視点は、対立を和解に導く道として重要な役割を果たします。相対性とは、ある事象や意見が他の事象や意見と関連して捉えられることを指します。絶対的な真理ではなく、それぞれの立場や状況によって異なる側面があることを、まず理解することが大切です。

例えば、感情で表すならば、フラットな感情からマイナスな感情になるのと、ハッピーな感情から一気にマイナスな感情になるのでは雲泥の差があります。そのくらい、ショックの度合いが変わってきます。すぐに立ち直れるようであれば良いのですが、何日も引きずり、ネガティブな思考や感情をそのまま持ち続けても、なかなか状況は好転していきません。何か言いたいかというと、相手に対して過度な期待をしすぎないことが大事ということです。あまりに過度な期待をするから自分の気持ちが上がったり下がったり、感情に振り回されたりしてしまうので、成功したらバンバンザイ、失敗してもそんなこともあるよね、というくらいの余裕を持ったスタンスが丁度いいかもしれません。相対性を理解することで、異なる視点や経験に対する共感と相手に対する理解を深めることができ、より豊かで調和の取れた人間関係ができていくのです。

「絶対大丈夫の言葉ほど信頼に欠ける」

痛みに慣れてはいけません

自分以外の他の人を優先し続け、時間だけが経過していく、それでも私は大丈夫だから、と。果たして本当にそうなのでしょうか？　自己犠牲ほどつらいことはありません。

もし、今の職場に嫌な同僚や上司がいて、「ああ、また文句を言っているな」「でも私が黙って耐えていれば終わるから」なんて思っていませんか？　理不尽だけど仕事だからしょうがない、直属の上司が言うのだからしょうがない、年上が言うのだから従うか、こんな考えは今すぐやめましょう。

長いものには巻かれろという、ことわざがありますが、そうしているうちに、ただただ年を重ねて、我慢に蓋をし続けるマニュアル通りの人生になりかねません。今の環境に何の不満もないようであればそれでもいいかもしれませんが、理不尽な事に耐え続けることより、自分がより伸び伸びと生きていける、生きやすい環境をつくっていきたいようであれば、小さなことから変えていく努力をしてみませんか？　相手を変えるほど大きな労力がかかることはないので、まずは自分が変わると決めることです。痛みに慣れてしまうことの意味について考えてみると、人間は過去の痛みから学び、自己防衛のためにその痛みを回避しようとする傾向があります。しかし、その過程で新たな可能性やチャンスを見逃してしまうことがあります。

つまり、自分が変わることで時には衝突することもあるかもしれませんが、結果としてよかったと思えることが多いはずです。問題点や課題点にお互いが向き合ったときに双方の勘違いだったなんてこともあるかもしれません。ただ、ボタンのかけ違いのように修正可能なケースもあるからです。ただし、話し合いの中で感情的になってしまっては、そもそもの論点がずれてしまう事や、問題とは別のことを引っ張り出す事で、さらに溝が深まる事があるので注意していきましょう。「冷静にゆっくり正しく伝える」事を意識して下さい。

自分を押し殺して自己を否定し我慢し続ける、そんなことは今この瞬間からやめましょう。

デジタルの進化とともに、企業で働いている人達も、いよいよ個が活躍できる時代になってきました。次はあなたがスポットライトを浴びる番です。また、痛みと向き合う際の心構えについても考えましょう。痛みを避けることは一時的な安心をもたらすかもしれませんが、その結果、成長や変革のチャンスを逃す可能性があります。痛みに立ち向かう勇気やポジティブなマインドセットの重要性を意識することで、自分の人生が思った通りに創造できて、素晴らしい日々にしていくのは、あなたが本来持っている、ほんの少しの勇気を出す事かもしれません。痛みを避けずに直視し、その中に秘められた価値を探求することで、より強く、意味ある人生を築くためのヒントがたくさん詰まっています。あなたの持っている怖いという感情は、他の誰でもなくあなたが自ら作り出している物です。自分が本当に変わった時にその感情は幻想だったと気づくでしょう。

「理不尽に耐え続ける人生から、今すぐ卒業する」

怒哀との付き合い方

唐突ですが、一度自分のマイナスの感情にとことん向き合う時間を作ってみてください。そんな感情は今、全くないという方は過去を深く思い出して下さい。

喜怒哀楽の中の喜楽のみの人生であればそれはきっと素晴らしい人生です。ただ、そういうわけにもいきません。怒りに震える日もあれば、悲しみから立ち上がれない日もあるでしょう。マイナスの感情の役割について考えます。その感情は、私たちの内面の状態や外部の状況に対する反応として現れます。しかし、これらの感情が無意味なものではなく、自己認識や自己成長のため必須であることを示します。これらの感情を否定せずにまずは受け入れることで、その背後にある理由やメッセージを理解することができます。また、感情を受け入れることは自己受容の第一歩であり、健全な心のバランスを保つために重要です。

そんなときは思いっ切り、その感情を感じきることで次へ進むことができるのです。

なるべく一人になった時に行うことがベストです。本当は怒りたいのに我慢する、泣きたいのに我慢することは今すぐやめて、怒るだけ怒って泣くだけ泣いて、これ以上なく、マイナスの感情を感じきってしまうことで、残ったところにはもうプラスの感情しか出てこなくなります。


大きな声で泣く、思いっ切り怒る、お腹を抱えて笑うなど純粋な気持ちで感情に向き合うことが大切です。大人になるにつれ泣かなくなった、笑う回数が減った、こうやって人間本来の気持ちがどんどん薄れていきます。楽しいことがあれば両手を広げてジャンプして喜べばいいし、とんでもなく嫌なことがあれば無理せずに一晩中、泣き続けてもいいのです。

あなたはロボットではなく人間です。

感情に左右される日があるのは素晴らしいことです。一番ダメなパターンは、怒哀の感情を見ないふりをして、蓋をする。一時は、それで忘れられるかもしれませんが、いつの間にか積りに積もって大爆発を起こす、または自分でも気づかないうちに心身にモロ影響してきます。そうなる前に、きちんと定期的に心のガス抜きをする。自分にとってのガス抜きを予め決めておくことで、バランスの取れた日常を送れます。マイナスの感情があるからプラスの感情がより良く思えるのです。ポジティブな感情の効果に焦点を当てると、喜びや幸福はストレスの軽減や免疫力の向上に影響を与えます。また、愛情や感謝の感情は人間関係の質を向上させ、協力やコミュニケーションを促進する効果があります。３６５日毎日ポジティブとはなかなか難しいですが、これらのプラスの感情を大切にすることでより充実した人生を築いていくでしょう。日常の中で自分の感情を知り、きちんと向き合い、逃げないことであなたがあなたらしくいられるようになる事で、あなたが長年背負っている、見えない重いリュックを下ろす事ができるのです。

「難しいことは一切考えずに、時には童心に帰る」

我慢は美徳の時代の終焉

今こそ、ストレス社会の波から抜け出しましょう。

あなたは日常の中でいくつのことを我慢していますか？　もし手元にメモとペンがあれば深く考

えずに、まずはざっくり書き出してみましょう。もしかすると、凄い数の我慢に気付くのではないでしょうか。そんな日常の我慢をひとつずつでも減らしていけば、より豊かな人生が待っていることは間違いありません。我慢の本質について考えると、我慢は社会的価値観や他人の期待に合わせようとする行為と関連しています。しかし、過度の我慢は自己尊重を犠牲にする可能性があり、心身の健康に悪影響を及ぼすこともあることを示します。

我慢をすることが美徳である時代はもう終わりました。例えば、強欲と聞くとあまり良いイメージは持たれないかも知れませんが、本来、誰しも欲深い人間であるにも関わらず、それをあまり見せない事が良しとする風潮があります。あなたらしく、感情の自由を手に入れ、つらいことに耐え忍んでいるのであれば徐々に解放してしまいましょう。決して、強欲になりましょうと言っている訳ではなく、あなたがなりたい理想の生活や、理想のパートナー、物など、それらを周りに口にし思いを馳せるのには一円もかかりません。どこかで、自分の人生に妥協する癖があれば、結局そこまでになってしまいます。現代は情報にあふれ、あらゆる選択肢があります。我慢なんてしないでも解決する方法は無数にあります。我慢しない生き方の魅力については、自己を抑えずに表現すること、自分の真の価値観や目標に忠実に生きることを意味します。これにより、自己成長や自己実現の道が開かれ、充実感と満足感を得ることができます。

ただ、物が溢れている結果、他人と比べてしまう、持っていない物に目を向けてばかりいるなんて状況にも陥ります。この状態ではいつまで経っても心の豊かさは埋まりません。まずは、今あるものに目を向けていくことで十分な豊かさを感じることができるはずです。

今、本書を読んでいるあなたに住む家があって、着る洋服があって、命の危機にさらされていないようであれば、それは当り前ではありません。

世界各国を見れば飢餓に苦しむ人々や、明日生きられるかどうかが分からない人が山ほどいます。

今一度、自分の持っているもの、持っていないものを整理する時間をとってみると良いかもしれません。人間関係も同様です。

さて、あなたにとっての我慢とは何ですか?

それが見つかれば、あとはどうやって解放していくかです。紙に書き出すといくつかの選択肢に気づくはずです。実際に着手し行動できた先にあなたにとって本当の自由とは何かが見えていきます。

「あなたの人生においてやり残しをしない生き方を」

こちらの顔色を伺うマニュアル人間

上司にペコペコ、部下に横柄、こんな人は周りにいませんか？　ある意味役者だと思います。私は、人によって態度がコロコロ変わる人は自分軸がないのだなと思ってしまいます。自分軸とは、自分自身の価値観、信念、欲求に基づいて生きる中心となる軸のことを指します。この軸がしっかりしていると、他人の意見や外部の影響に左右されずに、自分の方向性を保つことができます。

「誰かの顔色を伺っているうちに日が暮れちゃうよ」と声を大にして言いたいのです。ロボットのように無感情で淡々と仕事をこなしていれば、いいのかもしれませんが、ひとりで生きていくことが難しい世の中で、いかに周りとうまくコミュニケーションを取っていくかが大切です。

あなたは、他人の顔色をばかり気にして、周りに頼み事ができずに自分にも負担をかけていませんか？　これを言ったら、こうしたらどうなるだろうと、ネガティブな感情や思考が出てきたら、

この言葉を思い出してください、

「私が人生の主人公」

決して自己中心的になりましょうというわけではなく、周りと協力をしていくためにきちんと自分の役割を理解することを念頭に置き、より円滑な人間関係を築いてください。自分軸を持つことの効果については、自分軸を持つことで、他人との関係性が健全化し、自分の意志をしっかり伝えられると、自分を表現できる自信が生まれます。また、自分軸を通じて人生の目標や方向性を明確にし、より充実感のある生活を送ることができるでしょう。自己主張のできる人は、他人との対話を深めることができるとされています。また、自己主張がギクシャクした人間関係を修復することで環境を豊かにし、その結果として信頼にあたいすることがあります。あなたの伝えたいことを伝えるという事をめんどくさがらずに、「なぜ？」と思うようなことがあれば、率先して発言し行動に移していきましょう。もちろん、相手に伝えるときのタイミングや言い方、表情などには配慮が必要です。

相手がどんな立場であっても、自らの意見を言える人間になることであなたを取り巻く環境が、ガラリと大きく変わっていきます。

１００人の薄い人間関係よりも３人の濃い人間関係を築いていきましょう

私自身20代の頃はバリバリの営業マンで取引先含めてたくさんの方に会ってきました。30代で独立してからは、より多くの人脈づくりに汗を流しました。その結果、得られた知識や経験は確かにあり40代を生きる力となっています。

ですが、私が交換をさせていただいた数多くの名刺の束の中で今でも連絡を取っている人は、本当にほんの一握りです。薄い人間関係がもたらす問題に焦点を当てます。関係が浅いため、本音や深層の感情を共有することが難しく、自分を理解してもらうことも難しいことがあります。また、数多くの関係を維持するために時間やお金、エネルギーを消耗し、精神的な疲労感が生じることもあります。

ここで皆さんに気にしてほしいのは、誰と付き合うかにフォーカスせずに、誰と付き合わないかの方に注力した方が、より人生の質が上がってあなたのステージも上がっていくということです。

特に私は、30代頃にたくさんの時間とお金を使い、経営者会、異業種交流会や各種のイベント事やビジネスセミナーに積極的に参加していました。しかし、時間もお金も有限なので、意味のない生産性のない話をダラダラするようなら、的を絞って少人数で内容の濃い話をするほうがよっぽど人生の質が上がります。実際にそのあたりを意識していくと、自分を取り巻く環境が好転していきました。では、どうやって濃い人間関係を作っていくのか？　まず濃い人間関係を築くには信頼と包容力が不可欠です。相手に対してオープンで素直な姿勢を持ち、本音で語り合うことで関係が深まります。また、相手の欠点や弱点を受け入れる姿勢を持つことで、お互いに安心感が生まれます。濃い人間関係の持つ効果は多岐にわたります。相手との深い絆が自己成長や洞察を促進していき、信頼できる友人や家族との交流を通じて、自分の強みや課題を理解し、より良い方向に成長する手助けとなります。

どれだけの人に自己開示ができて、親密な話ができるか、人脈が多いだけの１００人との薄い関係はあなたが生きていく上で、大して必要ありません。３人の絆が強化されることで、情報やリソースの交換が効率的に行われ、知識の共有や協力の可能性が広がります。また、限られた関係性であるため、相手のニーズや期待を理解し、質の高いコミュニケーションが行えることが特徴です。同時に、「気」を意識することも大切で、目に見える物ではないですが、気になる、気が付く、気に入るなど、相手との気に注目することで、本来の自分が出しやすくなります。あの人といると常に気を遣う、気が合わない相手とはなかなか分かりあうのが難しいですが、これは十人十色なので、仕方ないと割り切りましょう。

自分のことが何でも話せる、強みだけではなく、自分の弱点とするところもさらけ出して共有できるくらい濃い人間関係を3人作ってみてください。今、そういった人がすでにいるようでしたら、改めてその人を大切にしていきましょう。あなたが困った時、必ずといって良いほど、支えになってくれます。共有の経験や思い出がある仲間は、困難な状況でも共に歩む力や、あなたが大きく変わっていくための後押しを与えてくれます。喜びや悲しみを分かち合うことで、感情的な豊かさも広がります。そうする事で、あなたもその3人には全力でできることをしていけるからです。

「何をするかより誰とするかを意識する」

第3章　身体の悪魔

この章ではあなたの心の中にいる身体の悪魔についてお話をしていきます。

「身体の悪魔」とは、心身における健康や心地よさに影響を与える問題や課題、心配事のことです。上手くバランスをとっていかないと私たちの身体の状態が、気分や生活に大きな影響を及ぼすことがあります。

身体の悪魔にはいくつかの側面があり、食事や運動、睡眠などの基本的な生活習慣が崩れていると健康に害を与えることがあります。不健康な生活習慣が続くと、極端な体重の増加や病気のリスクが高まるかもしれません。

また、ストレスや不安は心だけでなく、身体にも影響を及ぼします。長期間にわたるストレスは、体調を悪くすることがあるので、早めの対処が必要です。

心と身体は密接につながっています。心の状態が悪いと、身体にも影響が及ぶことがあります。当然、体調が悪いと気分も落ち込みやすくなることもあります。

また、自分自身の見方や身体像も重要です。ネガティブな考え方や感情が、自己イメージや身体の健康に影響を与えることがあります。

身体の悪魔に対抗するためには、健康的な生活習慣を身につけることが大切です。すごく当たり前な話ですが、バランスの取れた食事や運動、十分な睡眠を心がけましょう。また、ストレスを軽減する方法を学び、心と身体のつながりを理解することも大切です。現状の自分自身を受け入れ、ポジティブな自己イメージを持つことで、心と身体の健康をセルフサポートしていきましょう。

身体の悪魔への対処は、日常的な努力とほんの少しの意識から始まります。自分の身体を大切にし、健康的な生活を送ることで、心地よい生活を築くことができます。

きっと多くの人は日常の生活の中で、何かしら自分の身体や健康を気にしているかと思います。最近食べ過ぎているから今日はご飯を少なくしておこう、最近飲みすぎているから休肝日を作ろう、なんてことを思いながら生活をしている人も中にはいるでしょう。

身体の調子が良ければ感情もコントロールしやすいですし、身体を見直し、体調が絶好調の状態が保たれることにより、人生そのものに与える影響も良くなっていきます。

この章では、そんな話をしていきます。心身ともに健康で、ゆとりのある考え方ができますように。

人生100年時代をどう生きるか

人生100年時代とは、イギリスの組織論学者であるリンダ・グラットンとアンドリュー・スコットが『ライフ・シフト100年時代の人生戦略』という本の中で提唱した言葉で、これからの世の中は長寿社会になっていくから、みんな人生を楽しむ準備をしましょうというものです。

2021年に厚生労働省が発表した高年齢者雇用状況等報告によると、65歳までの高年齢者雇用確保措置を実施済みの企業は99・7%、70歳までの高齢者就業確保措置を実施済みの企業は25・6%でした。また、31人以上の規模である企業においては60歳以上の常用労働者は約421万人で、2009年と比較すると約205万人も増加しています。医療や健康管理の進化により、平均寿命が延びる一方で、ライフステージの多様化が進行しています。これにより、人生の各フェーズでの目標設定や再スタートが必要とされています。

人生100年時代に向け、高齢者の働く場所が着実に確保されてきています。特に昨今では定年後の人材に可能性を感じ、様々なビジネスが立ち上がっています。

あなたはこれを見てどう感じますか？

年をとっても働く環境があるから安心だ、と感じますか？　今から定年後の仕事のことなんて考えたくないと感じますか？　次に、人生100年時代の課題に焦点を当てます。長寿社会では、老後の資金や健康管理、社会的孤立などがあります。また、キャリアや人間関係の変遷にも対応する必要があります。

私が皆さんに考えて欲しいのは、安心でもなく不安でもなく、「人生の中でワクワクを止めない」ということです。ワクワクしながら人生を送ることを常に考えて行動に移して欲しいのです。老後に、もう充分働いた、引退してもいいんじゃないか、という悪魔のささやきに耳を傾けてしまうと、そこからの人生で、何の生産性も生まずに何となく生きていくという、残りの人生に変化をもたらさない人間になってしまいます。引退をすることや隠居すること、定年退職をすることを否定している訳ではなく、「その先」を考えていくことの大切さを感じて欲しいのです。例えば、定年退職したあとに一気に老け込んだ、病気になってしまった、なんて話はよく聞く話です。定年退職をして、時間を持て余し人生の生きがいが分からなくなった、人と会う機会が減少して生活に張りがなくなった、それまで会社の看板や役職があったが、無くなった途端に自分の価値が分からなくなった、定年うつになった、こんな話とは決別しましょう。

今から自分は何にワクワクするのかを年単位で探し始めるといいかもしれません。それは仕事でも趣味でも何でもかまいません。引退後でも、夢中になって取り組めることや、時間を忘れて熱中できる事があれば本当に素晴らしく、そこに生きがいを見つけていけるのであれば万々歳です。

あなたが自分の人生の中でワクワクできるものを、何となくでも、今から見つけることが人生100年時代を生き抜く近道です。

「死ぬまで好奇心を止めない」

食べること、寝ることの見直し

あなたは自分の生活習慣をしっかりと認識していますか？

当たり前の話ですが食べすぎや、慢性的な睡眠不足は日常のパフォーマンスが落ちるだけではなく、病気にもつながりやすくなります。自分に合った食事や睡眠をとり、惰性で生活をしないようにしましょう。

身体の健康は心の健康です。

私は食べることと寝ることを自分の中でコントロールすることを心掛けて生活をしています。10代、20代の頃はそこまで意識をしませんでしたが、30代以降に関しては特に気をつけるようにしています。

食べることですが、私は満腹になると次の行動に遅れが出て億劫になってしまいます。午後から重要な商談や会議がある時には、午前中の食事を抜く半日断食や腹6部目にして頭が冴えた状態をキープしています。これはとてもおすすめです。満腹の状態だと、体が重く頭がボーっとする事がよくるので、お腹いっぱいまでなるべく食べない生活を心がけています。巷では腸活という言葉が流行っていますが私自身も積極的に発酵食品を食べるようにしています。食べ過ぎを控えることで体重のキープもできています。現代では1日3食が基本とされていますが、江戸時代初期までは2食でした。3食になった理由として社会が豊かになっていき、夜遅くまで活動できるようになったからです。貴族から庶民にかけて徐々に、江戸時代の途中から3食になったのです。もしあなたが、1日必ず3食を食べるという感覚から、お腹が空いてから食べるというスタイルに切り替えていく事を心がけ、健康を長い目で見た時に、必要かも知れません。人間も24時間働き続けるとガタがきますが、胃や小腸、大腸も同じです。負担をかけ続けないように時には意図的に休ませていきましょう。

寝ることに関しても、寝る前のスマホやパソコンの画面を見るといったことを極力避けるように行動しています。こんな些細なことでも、睡眠に与える影響は大きく、睡眠が次の日のパフォーマンスに与える影響は絶大です。寝るときはしっかりと部屋を暗くする、枕を少しでも自分に合ったものに変えてみる、など見直せる点はどんどん見直していきましょう。人間の睡眠時間はまちまちですが。

6時間以下をショート・スリーパー、9時間以上をロング・スリーパーといいます。少し余談になりますが、ショートスリーパーを例に上げると発明王、エジソンは睡眠時間4~5時間で日本では文豪の森鴎外は、4時間以上寝たことがなかったといわれています。元々、ショートスリーパーの人を除き、睡眠不足は、様々な場面で弊害が起こりやすいですが、（集中力の低下やミスが続くなど）

一番おすすめできる習慣として、生活サイクル／就寝・起床時間は一定にするという事です。睡眠と覚醒は体内時計で調整されています。週末の夜ふかしや休日の寝坊、昼寝のしすぎは体内時計のリズムを乱すので注意が必要です。平日・週末にかかわらず、就寝と起床は同じような時刻にする習慣を身に付けることで、毎日のパフォーマンスの波が大きく変わる事はありません。食事が睡眠の質に与える影響や、睡眠不足が食欲や代謝に与える影響を理解することが重要となるので、バランスの取れた食事と充実した睡眠が、健康的なライフスタイルを支える基盤となります。体と心は一体なので常に最高の自分でいられるように誘惑の悪魔に引っ張られないようにしていきましょう。今回の話は、すでに耳にした事や目にしたことがあるかも知れませんが、大切なことなのでもしあなたが当てはまる事があれば今一度、心がけて改善していきましょう。

「心と体はイコールなので、毎日が自分史上最高でいられる生活スタイルを」

悪魔的においしい食べ物の裏側

物に溢れた現代の世の中は美味しい食べ物で溢れています。探せばキリがありません。油や糖まみれのカロリーが高ければ高いほど美味しいと感じる食べ物たち。夢中になりながら食べたことはあると思います。私もその一人です。私は特にラーメンが大好きで年に数回は、1日に2回とか2日連続で食べてしまうようなこともあります。（笑）ラーメン好きはこれからも続きますが、節度を守り食べ過ぎたと感じた時は、マメに半日断食を行います。

しかし、食べているときはおいしいと夢中になりますが、いざ食事が終わってみると胃もたれや、なんか体が重く調子が出ないなんて状態になることもしばしば。それでも脳は美味しかった記憶を覚えています。ネットやお店で見かける魅力的なキャッチコピーがその記憶を呼び覚ましてきます。感情的に物を食べる現象は、感情と食事の相互作用を示唆します。ストレスや不安などのネガティブな感情は、食への欲求を高めることがあり一方で、喜びや楽しさといったポジティブな感情は、食事を楽しむ要因となることもあります。
この現象は、感情と脳内の神経物質の関連性に起因しています。食べ物に含まれる成分や味が、脳内の快楽中枢を刺激し、気分をリラックスさせることが知られています。感情的なストレスが脳内の快楽中枢に影響を与え、食欲や食事選択に反映されることが考えられるのです。

このように、いわゆるドカ食いと言われるような感情的摂食は、生理的な空腹の合図ではなく、感情的な引き金が引かれることによって起こります。お腹が空いていなくてもなんとなく口寂しくて食べてしまうというのは問題です。しかも、それが習慣化されているようであれば、今一度見直していきましょう。

食事の際に栄養のバランスを考えて身体に良いものを食べる、ということを気にしている人は多いと思いますが、私のオススメは「何を食べるか」よりも「何を食べないか」の方を気にする方が良いと思っています。食べるものすべてに気を使ってコントロールすることはとても難しく、難しいがゆえに続かずいつの間にか失敗してしまいます。でも、食べないと決めたものを自分の意志で食べないことはできると思います。感情が食事に与える影響や、食事の背後にある心理的なメカニズムを深く理解し、感情と食の関係性を明らかにすることで、食事に対して意識的な選択やそれらを注意することにより、メンタルヘルスの向上に寄与する事に繋がっていきます。
自分の健康は自分で選んでいけるように心がけましょう。

「その食欲は、お腹が欲しているのか？　脳が欲しているのか？」

運を動かす運動をしていますか？

諸説ありますが運気を上げる方法として、一番手っ取り早いのが運動という事が言われており、あながち間違いではございません。なぜ？　そうなのかその理由をセロトニンが大きく関わってきます。「幸せホルモン」として何かと注目を浴びているセロトニンですが、脳内に存在する神経伝達物質の一つで、怒りや焦りといったマイナス感情を抑えて、精神を安定させてくれると言われています、他にもストレスの緩和にも効果があるとも言われています。

では、このセロトニンを増やすにはどうしたらいいのかというと、朝日を浴びることと定期的な運動をすることです。つまり、朝起きて少しの時間散歩をすることが効率良くセロトニンを増やすことに繋がります。そうする事で幸福感を得やすくなり、自分の気分がゴキゲンなことによる他者への影響が直接的、または回り回って間接的に働き、結果として運が良くなるような出来事が起きてくるのです。他にも運動には心理的な側面も関与しています。運動はストレスの軽減や自己肯定感の向上して、日常の生活において前向きな意識形成に影響を及ぼす可能性も含まれるので、運動を通じて得られる達成感やリラックス効果が、人生そのものの展望に変化をもたらすことがあります。

私が、朝起きてまず初めにすることはカーテンを開けることです。夜はしっかりと暗い部屋で寝て、朝起きたらまずは朝日を浴びて今日もいい日だな、と思うことから始めます。雨が降っている日は雨音を聞いていい音色だな、と無理やり前向きにとらえる事が多いです。(笑)

私自身、朝の時間にウォーキングする時間が取れない時は、簡単なストレッチや1分間の深呼吸をしています。ラジオ体操もオススメの一つで、これだけでも効果は絶大です。

どうしても忙しい生活の中では、ついつい怠けたい、面倒くさいと行動に起こさない人が大半ですが、体を動かすことであなたの感情は大きく変わっていき、前向きになることであなたの運もドンドンあがっていきます。

前向きに活動したい、日常の運気を上げたいと思ったら、ほんの少し早起きしてみて散歩に出かけてみるのが一番手っ取り早い方法かもしれません。最初のうちはめんどうで、重い腰がなかなか上がらないかもしれませんが、あなたが動き出し少しずつの行動の積み重ねが1ヶ月後、1年後の自分にとってプラスになる事になるでしょう。運は、偶然や選択、環境との相互作用から生じるものです。人生における出来事や選択には、偶然の要素が絡むことがあります。また、運は時に個人の意思や行動と交わり、新たな展開をもたらすことがあります。運は一面的なものではなく、多くの要因がからみ合っているのです。これによって、時には思いがけない幸運が舞い降り、時には大きな挑戦や試練が訪れることもありますが、見方を変えるとものすごいチャンスだったりもします。運の解釈は個人によって異なり、信念や考え方によっても変わることがありますが、基本的に「幸運」は待っていてもなかなか降りてこないものです。あなたが少しでも動き出したところからがスタートだということことを覚えていきましょう。

「忙しい朝の時間ほど、運気を上げる行動を意図的に作りだす」

頑張らない、踏ん張らないこと

「すべての頑張りが、報われるわけではない」

これは、とても深い言葉で確信をついているのだと思います。もちろん努力を続けて100点に近づく努力はします。でも頑張りすぎて空回りしてしまっては元も子もありません。

頑張ってねという言葉は今まで何百回、何千回と聞いてきました。過程をきちんと評価される事もあり、あなたの経験になることは十分あるでしょう。

ただ、残念なことに頑張ることで必ずしもいい結果につながるとは限りません。

私が伝えたいことは、歯を食いしばって寝落ちするほど頑張るよりも、鼻歌を歌いながら気分よく進めていくことのほうが、私自身、結果としてうまくいくことのほうが多かったということです。

余計な緊張状態にならず、大きな不安やストレスを抱え込まないことが、より良いパフォーマンスの発揮に繋がります。頑張り過ぎることは過度のストレスや疲労を引き起こし、創造性や柔軟性を妨げることがあり、逆にゆとりを持ちつつも目標に向かうアプローチの方が、バランスの取れた心のゆとりをもたらします。

もちろん、生きていく中でグッとこらえなくてはいけないような状況になる時もあります。ここが踏ん張り時だ、ここを乗り越えたらまた一つ成長できる、頑張るぞ、というシーンは皆さんそれぞれあったかと思います。頑張り切って結果を得ることができる時もあるでしょう。しかし、それは大きな賭けです。頑張りが少しでも自分のキャパシティを超えてしまえば、溢れた水はドンドンこぼれ取り返しがつかなくなってしまいます。特に真面目な人であればあるほどこの状況に陥ってしまいがちです。無理をし過ぎて、体調を壊してしまった。ある時から精神状態が急に不安定になり、今までやってきたことが継続できなくなってしまったなど。

こんな時は、頑張ることばかりにフォーカスのではなく、完璧にこだわらず、7割8割の力で日々をブラッシュアップしていくほうが、長い目で見たときに成長できていきます。過度の努力を抜きにしても成果を上げる方法や、頑張り過ぎず、自分自身と向き合いながら効率化や仕組みの見直しをしていく事の方が何より大切です。いくら頑張っても、努力が報われないと感じる原因は多岐にわたります。環境の変化や競争の激化など外部要因が影響を及ぼすことがありますが、努力の方向性や方法が最適でない場合、望む結果を得ることが難しいこともあるので、自分の中にいる生真面目な悪魔と仲よく、上手な距離を取っていきましょう。

「完璧を求めるな。妥協することに罪悪感を持たない」

自律神経を劇的に改善　今の生活に＋α取り入れるべきものとは？

自律神経は、私自身が生活をしていく上でとても気にしている部分です。これを意識しているのと意識していないのでは、私自身仕事の成果や売り上げにモロに影響が出るからです。少し大げさに聞こえるかもしれませんが、その位、私が身を持って体験しているので、十分注意してください。

自律神経とは、その名の通り自分の意志とは関係なく自動的に働く神経のことで、「交感神経」と「副交感神経」の二つに分かれます。活動時には交感神経が活発になり、休憩時に副交感神経が活発になります。この二つが作用しあいながら身体が頑張って動いたり休んだりすることをコントロールしています。

この二つが乱れると、本来のパフォーマンスが発揮できないどころか、心身に悪影響を及ぼし病気の原因にもなります。うつ症状や不安感の増加、情緒の不安定さなどが現れることがあります。また、免疫力の低下や代謝の乱れも自律神経の影響で引き起こされることがあります。

何もしていないのに気分が落ち込んでしまう、何をするにも気力が出てこない、いつもなら何でもないことに対してもイライラしてしまうなども、自律神経が乱れた時に出てくる症状で、いわゆる自律神経失調症というものです。これは気持ちの問題ではなく身体の問題です。この状態になってしまうと、すぐに元に戻すのは大変です。

では、どうしたらいいのか。それはライフスタイルを見直して、しっかりとリラックスをする時間を取ってあげることです。

私の場合、ここ数年間は週に1回必ずサウナに行きます。どれだけ忙しくても、無理やり時間を作ります。もっと言ってしまうとサウナに行くことは私にとっては一つの仕事とさえ思っています。そのくらい重要視をしています。

他にもシャワーだけで済まさずに湯船にゆっくり浸かることや、自律神経のバランスを整えるトリプトファンが多く含まれている食材（乳製品、肉や魚、大豆製品）を積極的に食べることもしています。食事も自律神経に影響を与えるので、鉄分やカルシウムなどの栄養をバランスよく摂ることで、体の調子が整い、ストレスにも強くなります。適度な運動やストレッチも体のリラックスをサポートしていきます。もちろん十分な睡眠時間を確保することも大事です。

なかなか休みが取れない人は、休む勇気を持ちましょう。仕事や家事でそんなに時間が取れないよ…　という方も多いかと思いますが、周りや家族に協力してもらえるような、仕組みや環境づくりを優先していきましょう。当たり前の話になりますが、体調管理は生活をしていく上での基本です。自律神経を整えることで感情を安定させ、あなたが輝けるより良い環境を作り出しましょう。

「自律神経を蔑ろにしない事で、豊かな心が手に入る」

毎朝の体調や機嫌に%をつける

一日の始まりである朝をどんな朝にするかによって、その一日がいいものになるか悪いものになるかが決まります。朝の始まりには、穏やかな環境を作ることが大切です。ゆっくりとした朝食やストレッチ、瞑想などを取り入れて、新しい一日をリラックスして迎えましょう。また、感謝の気持ちを大切にし、ポジティブな考えを心に留めることもあなたの機嫌を保つためのポイントです。

よく成功者や著名な方々が大切にしている朝の習慣といった本や動画を見かけませんか？

彼らのほとんどが朝の時間を大切にしています。例えば、生産性向上コンサルタントのデビッド・アレン氏は、「**2分ルール**」を推奨しています。2分以内で終わる小さなタスクなら、やるかやらないか悩まず今すぐ手をつけて片づけろ、というものです。私の場合は、時短の為、毎朝ではないですが朝シャワーと歯磨きを浴室で同時に行います。

あと、5分…　布団から出ないで良ければどんなに幸せだろう、と思いながら重い腰を上げてなんとか布団から這い出す、この気持ちももちろん分かるのですが、ここで「良し！」と気持ちを切り替えて充実した朝を過ごすことでその日一日が充実したものになります。例に挙げると、「あぁ～よく寝たと言葉にする」「寝起きに目薬をさす」など寝起きが悪い方には、オススメです。逆に朝の気分がなんとなく悪いまま一日を始めてしまうと、ずるずると出社、思いがけないトラブルや不幸に見舞われ、さらに落ち込む。トラブルの処理に追われヘロヘロのまま帰宅、なんてことになりかねません。

毎日が絶好調なのが一番ですが、人間なのでそうもいきません。なので、起きた時に今日の体調や機嫌が何％かを考えて、自分自身の機嫌と体調のバロメーターをしっかりと把握しましょう。

一時、サザエさん症候群という言葉が流行りました。Yahoo!のネット検索ワードでも、「つらい時の乗り越え方」「幸せとは」といった単語が、サザエさんの放送と重なる日曜日の午後6時以降に増えたそうです。江崎グリコが２０１８年に発表した20～50代の働く男女と専業主婦４００人ずつを対象にした「憂鬱な曜日調査」でも、月曜日が、ほかの曜日を大きく引き離して最も憂鬱な曜日になったという結果が出ています。楽しい、充実した休日が終わって仕事という現実を見た結果なのかも知れません。

だからこそ重要なのは前記にも書いた通り、自分自身の機嫌と体調のバロメーターを把握しておくことです。

私は自分がどんな時に落ち込むかを自分で把握するために落ち込んだ時には落ち込んだ理由をメモすることにしています。また、落ち込んでいる時に気分が回復した出来事や行動も細かくメモをしています。こうすることで、今週は○○があるからきっとここで少し気分が落ちるだろうな、だから週末は○○の予定を入れてそこに向かって頑張ろう、と自分自身の気分をコントロールすることができます。例を挙げると、今週は業務委託先との打ち合わせ時に、厳しい意見を言わないといけないから、きっとここで少し気分が落ちるだろうな、だから週末は自分の好きな分野（私の場合は心理学）の勉強の予定を入れてそこに向かって頑張ろう。など、

週単位でなくて、その時その時でもかまいません。

また、私は気分が落ち込んだ時はすぐに一人カラオケに行きます。これは私の落ち込んだ気持ちを回復させる一番簡単な方法が一人カラオケだと自分で知っているからです。1時間もあれば爽快な気分でリセットです。

方法はなんでもかまいません。あなたの機嫌や体調が良くなる事は何かを知っておくこと、それを実践することという非常にシンプルなので、自分自身の機嫌と体調のバロメーターをしっかりと把握してコントロールできるようになれば、どんより暗い毎日から卒業です。

「あなたの%が上がることが、何なのかを知ることからスタート」

自分磨きで自己肯定感を形成する

自己肯定感は、自分自身に対するポジティブな評価や自信を持つことであり、これを向上させるためには自分磨きが重要です。第一に、内面からのケアが大切です。自己受容と自己愛を大切にし、自分の良い面や成果に対して自分自身を褒めることが肯定感を育む基盤となります。また、あなたの中にあるネガティブな自己評価を払拭するために、自分の強みや過去の成功体験にフォーカスすることも有効です。幼少期や学生時代に頑張って結果や成果に繋がったことなどが、1つでも2つでも見つかればそれだけでも十分です。是非その当時の感情を風景をゆっくりと思い出して、浸ってみて下さい。するとあなたの中に不思議と自信がみなぎってきます。

次に外見についてですが、2020年から続いたコロナ禍の中で美容整形への需要が増えています。理由の一つとして、自宅やオフィスで使われるようになったビデオ会議ツールでのミーティングの増加により、顔を「微調整」することへの関心が高まったことが挙げられます。

今では、当時に比べてコロナも落ち着きを取り戻し、対面形式の業務やイベント、ソーシャル活動が増えてきました。しかし、その欲求は高まったままです。

美容整形だけでなく自分を磨く方法は何でもよく、自分を磨ぎ周りから良く見られることは自己肯定感に繋がります。自己肯定感を高めると前向きになり、性格や表情も自ずと明るくなります。

自分が満足できることが重要なので、完璧はないというスタートの元、できるかぎり自己研磨をしていきましょう。


私は数年前から月に1回ですがフェイシャルエステ行っています。また、爪は常にきれいに磨いています。そこまで過度な美容ではありませんが、周りから「若々しく見えるね」と言われると嬉しく、心も身体も若々しくしよう、と前向きな気持ちになります。また、服装や髪型を整えることで自分自身への気遣いが生まれ、自己肯定感が向上することもあります。

本当に何でもいいのです。いつもは興味がなかったちょっとしたアクセサリーを付けてみたり、髪色を少し明るくしてみたり、ちょっと良い靴を履いてみたり。こんなちょっとしたことで毎日が少しでも前向きになればとってもお得だと思いませんか？　たくさんの美容代をかけることを推奨している訳ではありませんが、身だしなみや清潔感を身に纏うことで今まで以上に自信が持てて、感情をプラスにするという＝に繋がりますので、できる範囲で意識していきましょう。また、新しいことに挑戦し、成長を実感することで自信が深まります。趣味や興味を追求することも自分磨きの一つです。自分磨きには、明確なゴールはないですが意識をするとしないとでは、大きく人生が変わっていきます。

「内面も外見も磨ける事をすぐやる事で、圧倒的な自信を手に入れる」

チートデイを意図的に作って心と身体のバランスを大切に

チート（Cheat）とは、「ズル／反則」という意味の英語ですが、たまには自分を甘やかす事で、結果として自分を大切にできるのです。消費心理学の専門誌『ジャーナル・オブ・コンシューマー・サイコロジー（Journal of Consumer Psychology）』誌に発表された研究で、「チートデイを取り入れることで、計画どおりの食事制限を守ることができた」という事例が報告されています。休息の重要性とその持つ効果に焦点を当てることが大切です。

あなたが我慢をし続けると余計なストレスやフラストレーションが溜まり、逆効果になってしまいます。例えば、毎週○曜日は、大好きなスイーツをお腹いっぱい食べてもＯＫな日にする。週末は、外食続きでも全く問題なし。など、自分なりのルールを作っていきましょう。

何が言いたいかというと、メリハリをしっかりつけるということが大切で、結果として心身のバランスにもつながるということです。日本人は諸外国と比べると「勤勉」で「真面目」なので休むことに抵抗があるかもしれません。仕事や他人に対しての責任感や誠実さ、思いやりなど、日本の伝統的な道徳や価値観が結びついています。これらの価値観は日本人の行動指針となり、勤勉さを支えています。ただし、一概に全ての日本人が勤勉だとは言えず、個人差にもよります。前述した通り体調管理も仕事のうちですし、しっかりと休むことも仕事のうちです。休むことは新たな創造性や生産性を高める一因でもあります。休息を通じて心をリフレッシュさせることで、アイデアや新しい視点が生まれやすくなります。また、疲労が蓄積しないようにすることで、仕事や学習の効率も向上します。心の健康にも大きな影響を与えます。きちんと休息をとることでストレスホルモンの分泌が抑えられ、心の安定感が増します。心身の調和を保つために、リラックス法や趣味の時間を積極的に取り入れることが重要です。

それにより感情も穏やかに保て、明日からまた頑張ろうという気持ちになるはずです。運転でもブレーキの遊びが必要ですし、パンパンに膨らんだままの風船はいつか破裂します。チートデイを意図的に作り張り詰めた心を解放していきましょう。

「休むことをポジティブに捉える」

自分の中の違和感を見過ごさない

私自身日頃から、心身ともに健康を結構しっかりと意識しているのですが、40歳を前に原因不明のめまいや体調不良などが、数週間続いたことがありました。病院に行って検査をしたところ、結果的に何の問題もなかったのですが、何かの病気に罹っていて入院なんてこともあり得たわけです。

実際、私の周りでも、身体は重かったけど忙しくて病院に行っている暇なんてないからギリギリまで働いた、本当の限界が来て病院に行ってみたら治りづらい病気に罹っていて、もっと早く病院に行っていれば良かったと後悔をした人もいます。

違和感は、何かしらの変化の兆候であり、避けるべきではないサインです。自分の身体で少しでも「あれ⁉」と思ったら、まずは生活の乱れの見直しをしてみて、それでも駄目ならすぐに病院の受診をするべきだということです。それと同時に違和感を感じた時に、感情を見つめることも重要です。違和感や不安の感情が何を伝えようとしているのかを理解するために、感情を受け入れて分析することが役立ちます。

大きなプロジェクトの途中だから、この時期だけはどうしても休めない、私がいないと仕事が回らないというのは、私に言わせてもらうと「自分を大切にできていない」ということです。自分の事を後回しにして、パートナーの事や子供の事などを優先している人も少なからずいるかと思います。ですがあなたは唯一無二の存在なので、あなたが倒れてしまって困る人は必ずいます。まず、自分自身の現状を受け入れることが重要です。自分の限界を理解し、過度なストレスや負担をかけないことも自己尊重の表れです。適度な休息やリラックスを取り入れ、心身のバランスを保つことが重要です。

第一に健康ありきです。無理して自分の体に鞭を打って倒れてしまったら、それこそ本末転倒です。仕事や日々の生活にに忙殺され、周りを優先させていくばかりの自分にはさよならをしましょう。身体に何か、「ん？　！」と思ったら何かのサインだと思い早めに対処し、本来の自分らしさを最大限発揮していき、違和感を抱えたまま生活をしていかないように、違和感に気づいたら一度立ち止まりましょう。

「違和感を見落とさない。見逃さない」

第4章　仕事の悪魔

さて、この章では仕事に潜む悪魔についてお話をします。

「仕事の悪魔」とは、仕事に関する困難やストレス、満足感の欠如など、ネガティブな側面を表す言葉です。仕事は私たちの日常生活の一部であり、生計を立てる手段として重要ですが、その中には他人には決して分からないような苦労や課題も存在します。

この仕事の悪魔にはいくつかの要因があります。まず、働きすぎやプレッシャーによるストレスは、体調やメンタルヘルスに影響を及ぼすことがあります。また、仕事の時間を占有してしまい、家庭や趣味に十分な時間を割けない場合、人生のバランスが崩れていくら寝ても疲れが取れない疲労感や、たまりにたまった不満が爆発するなどがあります。

モチベーションの低下も仕事の悪魔の一つです。単調な業務や目標が見えない状況では、やる気が失われることがあります。また、職場の人間関係が悪化すると、コミュニケーションの困難や対立が生じる可能性があります。

キャリアの進路についての大きな悩みや、選択できない難しさも仕事の悪魔に含まれます。将来への不確かさや適切な選択を迫られる状況は、誰しも大きなストレスや不安を引き起こすことがあります。

仕事の悪魔に立ち向かうためには、いくつかの方法があります。あなたが理想とする、ワークライフバランスを保つために、自分の時間を大切にして自分と向き合う時間を作ることが何より重要です。ストレスを軽減するためには、適切な休息やリラックスを取り入れることが必要であり、また、今の職場において自身の目標や興味を見つけ、やりがいを感じることでモチベーションを保つことができます。人間関係のトラブルに直面した場合、オープンなコミュニケーションを心がけ、イチ早く問題解決に努めましょう。さらに、自分のキャリアを見つめ直し、自己成長の機会を見つけることも大切です。

「仕事の悪魔」は、どうしても避けられないこともありますが、前向きな姿勢と自己ケアを通じて、仕事からのプラスの側面を引き出すことができます。そうすることで、私生活とのバランスを取りながら、充実感ある生活を築くことができていきます。

仕事には人生の多くの時間を費やします。仕事が生きがいの人もいれば、仕事はお金を稼ぐ手段であるという人もいるでしょう。

人それぞれの価値観を否定はしませんが、私は仕事にはワクワクを持って臨んで欲しいと思っています。今のあなたが、あぁ今日も仕事か〜…。行きたくないな〜…　という状況であれば、現状を変える努力と行動をしていきましょう。

仕事に潜んでいる様々な悪魔をしっかりと理解して、仕事が楽しくなるような、朝起きて前向きに仕事に向かえるような、そんな気づきを得てもらえるようなお話ができたらと思います。

何の為の仕事？　誰の為の仕事？

あなたは今の仕事にやりがいは感じていますか？

この質問にどれだけの方がＹＥＳと即答できるでしょうか。

学生時代に初めてアルバイトをした日の事、新卒で会社に入社した時のことを是非この機会に思い出してみてください。

右も左も分からず、それでも初めての事に不安と希望を抱いて仕事を覚えるためにガムシャラになって、夢中になって仕事に臨んだ時の感覚を思い出せますか？　今でもその感覚になる瞬間はありますか？

実はここにやりがいのヒントが隠されています。

ある一定の年数や経験を積むとやるべきことが明確になり、なんとなくマンネリ化してきます。効率よく仕事をこなすことができるようになる反面、どうしても惰性で仕事をしがちです。そんな時こそ、あなたが入社したかった今の会社、なぜこの仕事を選んだのか、を今一度考えてみるのも大切です。

1日の約3分の1の時間を過ごす仕事を、ただなんとなくこなしてしていては時間だけ過ぎていき、これほど人生にとって無駄なことはありません。仕事は自己成長や自己実現の手段となります。仕事を通じて新たなスキルを学び、挑戦を通じて成長し、自身の能力を発揮することができます。

会社によっては資格取得のサポートやスキルアップ制度もあります。もし、あなたの会社にこのような制度があれば今すぐ上司に相談することをおすすめします。これがやりがいに繋がり、やりがいに重きを置くことで、自分がもっとやるべきこと、やれることが見えてきます。

生活していく上で、お金のために働くことは、もちろん重要ですが、自分のやりがいを見つけられる、そんな職場環境を自ら作っていきましょう。仕事は他者に対する貢献の手段ともなります。例えば、医療従事者は患者の健康を守るために働き、教育関係者は学生の成長をサポートするために尽力します。このように、仕事は他人に対する支援や貢献を通じて社会全体の経済を生み出す役割を果たします。

社会的な視点では、仕事は経済や社会の機能を維持し発展させるための要素です。仕事を通じて生産活動が行われ、商品やサービスが提供されることで経済が回ります。また、仕事を通じて社会のインフラやサービスが提供されることで、人々の生活が支えられているのです。

周りの人がお金の為に働いている中で、あなた一人が大して給料もあがらない資格取得を頑張っていたら、周りはあなたをおかしな目で見てくるかもしれません。現状に大きな不満はなく、今のまま社歴を重ねていけば少しずつ昇給をしていくのかもしれません。中には、40代になって、50代になって転職活動をすれば周りは大丈夫？　と心配をするかもしれません。

ただ、会社に居続けようが、転職しようがどんな判断であれ、他の誰でもなく自分自身でするものです。周りの目を気にする、世間体を気にする。そんなことは一切せずに、一般的な常識に囚われずに悪魔の囁きから、いち早く解放されましょう。なぜ、今の仕事なのかを自らに問いかける事で、働く意義が見えてくるはずです。

他の誰でもなく、これはあなたの人生です。あなたが決めてあなたの人生を生きましょう。

「今の仕事にやりがいを持てなくなった時こそ、なぜ？　を繰り返す」

ダイバシティーの世の中を生き抜く　変化を恐れない

ヘレン・ケラーの名言で

「人生とは、恐れを知らぬ冒険か、何もないかのどちらかです。変化に立ち向かい、自由な精神をもって行動することが、何にも負けない力を生むのです」

というものがあります。

今の仕事や取り巻く環境で、本当に心の底から満足しているようであればそのままでも良いですが、少しでも何か変えたいと思うのであれば、小さな変化から始めてみてください。

現代では、情報化が進み世の中がどんどん便利になってきます。こんな世の中ですから、少し調べれば分かるのに未知のものに手を出すのはどうしても腰が重く億劫になります。

ただ、この最初の一歩が大切なのです。変化を恐れずに受け入れるためには、マインドセットの変革が重要です。固定的な考えではなく、成長志向のマインドセットを持つことで、新しい状況に対する前向きな姿勢を保つことができます。変化は学びの機会でもあります。新しいスキルや知識を身につけることで、あらゆる変化に適応しやすくなります。

昨今の世の中は本当に目まぐるしいスピードで変わっていっています。某大手ファミリーレストランは、ロボットでの配膳を行い、コンビニやスーパーなどでも無人レジが導入されています。ＡＩに質問をすれば答えが返ってきて、ＡＩに指示をすると絵も描いてくれます。一昔前であれば驚き、すごい時代が来たなと感じていた方も、今となっては当たり前に受け入れております。そのくらいデジタル面での進化が加速しております。


ここで一つのポイントとしてこれからの新しい時代を生き抜くには、まず始めてみることからです。重い腰を上げるのは死ぬ間際で大丈夫です。動けるうちに動きましょう。

自分はこのままでいいから、なんて思っているとすぐに世の中に置いていかれてしまいます。難しく考えずに、興味のある分野を調べて、着手してみる。そこに面白さや、やりがいを見つけられるようであれば継続する。すると習慣になり新しい趣味や仕事に繋がっていくかもしれません。何もしなければ、何も起きないままですが、現状を抜け出したいと思うようでしたら「行動」をするだけです。フレームワークとして変化をポジティブな視点で捉えることが大切なのです。変化が新たな機会や成長のチャンスをもたらす可能性を考えることで、恐れを軽減し前向きに向き合えます。行動の先に結果があることを忘れないで下さい。変化を受け入れた時からあなたの成長が始まるのです。

「新しい物や事に拒否反応を起こさない。まずは受け入れてみる」

副業は福を作る第1歩　収入の柱を増やすことは自分を守ること

終身雇用や定年退職まで会社に長く居続けることが、美徳とされていた時代が終わり、転職が当たり前になり、副業を解禁する企業も増えてきました。

経団連によると、副業・兼業を認める企業が２０１９年以降急増していて、その背景には、厚生労働省が「副業・兼業の促進に関するガイドライン」（18年公表、20・22年改定）や「モデル就業規則」を公表・改定したことや、コロナ禍においてテレワークが一気に普及し、副業・兼業をしやすい環境が整ったことなどが挙げられます。

収入が多くなることは誰の目から見ても良いことです。収入が増えることで、生活の基盤が安定し、生計を立てるための不安が軽減されます。適切な予算管理や貯蓄の習慣を持つことで、将来への備えを行うこともできます。また収入増加は、趣味や娯楽、旅行などの余暇活動を楽しむ余裕を生み出し、これにより、生活の質が向上し、充実感を得ることができます。また、自己成長や学習にも投資する機会が与えられ新しいスキルを習得でき、専門的なトレーニングや教育を受けることで、キャリアの発展や自己実現を追求することができます。

ただ、私は少し違った視点でお伝えしていきます。

どういうことかと言うと、収入が増える、お金が増える、ということだけに目を向けるのではなく、本業以外に仕事をしてお金を貰うということは自らの価値を高め、成長していけるということです。収入の柱として、ギリシャにあるパルテノン神殿を例に挙げますが、何本もある柱のそれぞれが収入源だとして、そのうち一本が折れた、ヒビが入ったところで、余程のことがない限り神殿は保ったままです。つまり1本の柱（収入）だけで神殿（生活）を支え続けるのは、どうしても不安定になります。

もし、今のあなたが本業で事務や経理の仕事をしていて、副業でコピーライターとして活動したとしましょう。どちらもＰＣを利用しますが経理で必要とされるＰＣのスキルとコピーライターとして必要とされるスキルには大きな違いがあります。最初から副業で本業の収入並みに、お金を得ることは難しいかもしれませんが、副業でお金を得ることができるようになった時、あなたは本業だけでは得られない情報や知識、経験を獲得しているはずです。

現代には、様々な副業がありますが何が自分に向いているか分からないかもしれません。

そんな方はまずは、興味のある分野でチャレンジしてみてください。やってみて本当に合わなかったら辞める。やっていて楽しい、学びになる、継続できそうと思った副業があれば続けたらいいのです。情報化社会の現代ですので、「副業」とネット検索すると様々なカテゴリーが出てきます。

今のあなたの使える時間などを考慮し、無理のない程度に臨んで下さい。少しでも収入が得られるようになった時、あなたは収入以外にも様々なスキルや知識を得ていて、あなたの価値は上がっていています。ここでのポイントはいきなり大きな成果や収入を期待しないという事です。何事も積み重ねが必要になって来るので、コツコツと取り組めることにフォーカスしてきましょう。一定数の人は「安心」という感情を得たいが為に、自分の時間を提供して働きます。もし、毎月金銭的に余裕を持った生活を送れるようなら、生活面の不安はよっぽどの事がない限り、大丈夫でしょう。不安には大小がありますが、それらを少しでも払拭できるように、経済的な安定、生活の充実度、自己成長と学習、社会的な影響、慈善活動や社会貢献の観点から収入増加の意義を知り、柱を増やしていく事に努めていくことが重要です。。

まずは、1日1時間だけ、週に1日だけでも始めてみましょう。

何が起こるかわからない時代に、何があっても良い状態を作ることが、あなた自身を守り、結果的に福を招いてくれます。

「自分にとっての柱を見つけ、より太く強度の高い物を作ろう」

さぼる人。けれども結果を出す人

昔、新卒で入った営業会社の同期に高橋さんという方がいました。彼は、かなりの遅刻癖やサボり癖があり、社内でもほとんどの人がその印象を持っていたかと思います。朝から、上司に叱責をされることもしばしばありました。叱られているのをいつも横目で見ていたので高橋さんは鋼のメンタルだなという、ある意味尊敬すらできました。（笑）

ただ、不思議な事に彼の営業成績は社内で常に上位でした。当時の私は、それが非常に悔しかったのを今でも覚えています。

真面目にサボらず仕事して、素直に学んで、遅くまで残業して、という私と、一見、遊んでいるようにしか見えない高橋さんと何が違うのか？　当時はがむしゃらにやっても結果が出せない、売上が作れない自分が不甲斐なく悔しくてたまりませんでした。私が高橋さんの売り上げに勝った月は、1回しかありませんでした。

ただ、今ならその理由が明確に分かります。高橋さんは仕事そのものを心から楽しんでいました。私は数字を作るために必死になり、ガチガチに資料を見直し、完璧にマニュアルに沿ってお客様にご提案をしなければいけないと思い込んで、そういった緊張感が顕著にあらわれていました。

一方でリラックスした状態で、お客様の為に何ができるかを自ら工夫し、柔軟な考えや気持ちで対応をしていた高橋さんと、上司から叱られるのを何としても避けたい、数字を作らなければいけないと毎日大きなプレッシャーの中で仕事をしていた私とでは、結果に雲泥の差が出るのは当然です。

ここでのポイントは○○をすべきだ、○○をしなければならない、という概念を一旦取り除いてください。自分が持っている固定観念に気付くことが第一歩です。自己評価や信念を客観的に見つめ直し、どのような固定観念が存在するのかを認識します。マニュアルを一回頭の外に出してみて会社のためではなく、お客様や自分にとっての楽しみを見出すことから、始めてみてください。そうすることにより、今までと違った視点で、物事や仕事の本質が分かり、なぜ○○をやるのか？、どうしたら、もっと出来る様になるだろうと建設的なアイデアが生まれてきます。次に失敗や試行錯誤を恐れず、挑戦することが大切です。失敗を学びの機会と捉え、成功だけでなく失敗からも成長できると考えることが重要です。

がむしゃらに頑張ることを辞めて、目の前のことを楽しむことにフォーカスした自分になることで、頑固な仕事の悪魔から決別しましょう。


「仕事そのものを楽しんでいる人には勝てない」

大好きだけど稼げない人、嫌だけど稼ぐ人

ずっと武道館に立つ夢を追い求めて、路上ライブをしてきたアーティスト。少ないファンはいるものの、気付けば30才をとうに越え、40才も目前。貯金もなく日々、夢の為にバイトで食いつなぐだけの毎日。それでも大きな夢を追い続ける。

かたや、誰もが知る一流企業で新卒入社から20年近くたち中間管理職についているサラリーマ

ン。大手で華やかな業界。ただ内情は、言う事を聞かない部下に小姑みたいな小言を毎日言ってくる上司とのサンドイッチ。毎日終わらない仕事に疲弊して帰りは終電間近。休日は、ぐったり寝て過ごす。転職や起業を目指す活力も気力もゼロ。年収は同年代より高く、お金への不安はほとんどないものの、特にこれといった趣味もなく、ただただ仕事に行くのが苦痛な日々に追われていた。

この二人を比べて果たしてどちらの方が幸せでしょうか？

結論から言ってしまうと幸せは、他人に決めてもらうものではなく、自分の心が決めるので、自分が幸せだと思えばそれが正解です。今回、両極端な例を挙げましたが、

重要なポイントとして仕事のための人生なのか、人生のための仕事なのか、もう一度しっかりと何の為に？　誰の為にを考える時間を作りましょう。

1、なぜその仕事なのか？　2、今の仕事を続けた先で、何を得たいのか？　と言うような優先順位をつけましょう。ありとあらゆる物の価格が高騰してきて、賃金も大きく上がらない、けれど生活をしていかなければいけない。必要最低減のお金もちろん必要です。一方で、貯金だけが貯まり夢や目標もなくただ年老いていくのは、とても勿体無いことです。

「夢」も「お金」も両方が手に入る。その状態が一番良く、手に入れる可能性は誰にでもあるのです。人間の能力の差はそれほど大きくなく、生まれた時は、みんな赤ん坊です。そこから成長するにつれ、たくさんの人に出逢い別れ、社会に揉まれながら今の自分を形成しているのです。

人生の中で、ちょっとしたアクションの積み重ねやタイミングで、良くも悪くもなります。また、成功を収めるためにはリスクを取ることが必要です。稼ぐ人は計算された範囲からはみでるようなリスクを冒し、新たなチャンスやビジネスに挑戦する覚悟があります。ここでは金銭的なリスク以外も時間的なリスクも存在します。稼ぐ人は市場のトレンドや需要を的確に把握し、それに基づいてビジネスやキャリアの戦略を立てます。時流や市場の変化に適応する能力が重要です。何より、今まで私がみてきた超富裕層の人は自分に圧倒的な自信を持ち、揺るぎないポジティブなマインドセットを持っています。困難に立ち向かい、成功を信じて行動し続ける姿勢が見られます。

さぁ時間は待ってくれません。今、お金や時間や人脈が何もなかったとしても、先にゆとりのある感情を自ら作り出し、ゆとりのある人生を作るのはあなた自身です。

「人生の優先順位を決めることで、今の仕事が適正かどうかを見直す」

仕事に正解はない。仕事の意義を理解し、社会への関わりを感じる

仕事とは生計を立てるだけの手段だけでなく、自己実現や成長の場でもあります。仕事を通じて自身のスキルや才能を発揮し、専門知識を深めることで、自己成長を実感します。新たなスキルを学び、挑戦を通して自己を超える喜びを味わう事もできます。

社会的な観点から見ると、仕事は社会に貢献する手段です。商品やサービスの提供によって他者の生活を豊かにし、経済や産業を支える一翼を担います。また、職場やチームでの協力を通じて、社会の発展に寄与します。

あなたが今どのような仕事をしていようと、それは誰かの役に立っているということを、まず認識しましょう。例えば仕事上でトラブルに見舞われた時、上司にひどく叱られた時、私なんて、と自分に価値のないような考えや発言をする方もたまにいますが、職場に行き電話一本取るだけ、メー

ルを一通送るだけ、一人のお客様と接客するだけでも会社や組織の役に必ず立っているのです。職場において、協力やチームワークを通じて社会への貢献を感じることで、自身の仕事や学習が社会全体に影響を及ぼす一翼を担っていることにあなた自身が気付くことが重要です。

大半の人が労働＝自分の時間を提供することで仕事をしています。労働すること自体が社会貢献であり意義のあることだと理解しましょう。労働できる環境があるから、会社が存在し社会や経済が成り立っているのです。最近では、底辺職業ランキングなどがＳＮＳを中心にバズっていましたが、職業別での収入の差はあるもののどれも、なくてはならない世の中にとって必要な仕事なので、そこで優劣をつけるのは、賛同できません。

社会に存在する仕事の多くは、誰かの役に立ち、価値を生み出しています。時には人間関係のもつれや仕事のミスで落ち込むこともあるでしょう。しかし、あなただけではなく、他の人も同様の経験をしています。しかし、どんな仕事でもあなたがいることで、助かることやありがとうを言われることは無数にあるはずです。

私がお伝えしたいのは、どんな仕事に就こうとも自分が胸を張ってこんな仕事をやっていますと言うことが、大切です。収入の大小に関わらずあなたが働いて、お金を得るということはそれだけで、ものすごく価値がありとても誇れる事なのです。

唯一無二のあなただからこそ、決して自己否定はせずに今の仕事に誇りを持って取り組んでいきましょう。

「あなたが仕事をする事で経済が回るんだ位の心持ちを」

選択の自由を今一度　自由な選択で自分の心も洗濯する

年功序列や男尊女卑の時代はとうに終わり、ＡＩが加速する新時代がやってきました。新たな事にチャレンジしやすい、そんな時代にもなってきています。

例えば、ユーチューバーやＳＮＳの動画編集者など今までなかった職業も出てきました。これから先も予想もできないような新しい職業が出てくるのは、間違いありません。私自身は、ChatGPTを使い、仕事のアイデアやヒントをもらい、難しいビジネスモデルを言語化し、仕組み作りを簡素にできるように活用しています。バージョンが上がっていく毎に精度も上がってきています。驚くことに今まで2時間くらいかかっていた仕事が10分、15分で完了なんてこともザラにあります。選択の自由が存在することで、多様なキャリアチャンスや仕事の選択肢が広がります。個人のスキルや興味に合わせて、異なる業界や職種に挑戦することができます。これによって、自身の可能性を最大限に引き出すことができていきます。

今はオンラインで場所を選ばずにできる仕事も増え、コストや時間をかけなくても、始められる副業なども探せばたくさん出てきます。仕事における選択の自由は、自身の興味や価値観に基づいてキャリアパスを選ぶことを可能にしていき、自分が本当に関心を持ち、情熱を注げる分野に従事することで、仕事に対する意欲が高まり、満足感を得ることができます。

ライフスタイルや家庭の状況に合わせて、フレキシブルな働き方やスケジュールを選択することができます。これにより現代では、仕事とプライベートの調和を保つことができていきます。

もし、今のあなたに少しの時間があれば無料版のChat GTPに様々な質問を投げかけてみるのも面白いかもしれません。様々なビッグデータをもとに、あなたにとっての道標になるかもしれません。多くの選択肢があることに驚き、また新鮮で面白いという感情が湧いてくると思います。モヤモヤしていた事をいくら調べても、他人にいくら聞いても答えが見つからない… そんな時は、さっさと機械に頼りましょう。（笑）無料とは思えないくらいの精度に何か可能性を感じる方もいるかもしれません。使い方は、非常に簡単で基本的になんでも答えてくれるので、あなたがやれることややるべき事がどんどん見えていきます。今まで悩んでいたことは何だったのだろう？ と心も晴れやかになっていきます。ただし、選択の自由には的確な判断と責任が伴います。選択肢が多い分、どの道を選ぶべきか迷うこともあるので、選択の自由を活用するためには、自己分析や情報収集、将来のビジョンをあらかじめ紙に書き出す、メモにするなど明確にすることが重要です。一人で悩まずに頼るということをしていき、自分の人生に様々な可能性を見出して充実した日々を送りましょう。

「ＡＩの進化は止まらない。いっそのことＡＩ時代の波に乗る」

どこにやりがいや、喜びを感じて仕事をしていますか？

私が20代で、バリバリのサラリーマンをしていた頃、一冊の本に衝撃を受けました。

堀場製作所の創業者である堀場雅夫氏のベストセラーでもある著書「イヤなら辞めろ」です。

この本に書かれていた言葉が当時の私にとって非常に衝撃的でした。


「イヤならやめろ！　本当にイヤと思うほどそれをやってみたかと。真剣にその仕事をやって、どうしても自分が向かない、こんなことで人生を過ごすのはもったいないと思ったときは、思い切ってパッとやめなさい」


この言葉に衝撃を受けた私のサラリーマン人生は大きく変わりました。

当時の私は、職場での人間関係に疲れ、ただ惰性で仕事をしていて、会社に行くのが苦痛な毎日でした。堀場さんの言葉に従うのであれば、私の進むべき道は二つ。今の仕事においてのやりがいや喜びを見つけてゴールを設定し、そこまでは、どんなに嫌なことがあろうと、何があろうとも一直線に突き進む。または、転職や起業など、今いる環境から思い切って抜け出す。この二つでした。

私は後者を選び転職をしました。ただ、転職をするのではなく、今までの良くない自分に変化をつける為の転職だったので、転職した先では生真面目にならず周囲に気を使いすぎず、のびのびと仕事をしました。結果として業績も上がり、役職にも就いて、人間関係も良好なものとなりました。

決断のプロセスは、情報収集、選択肢の比較、将来の結果を予測することから始まります。しかし、完全な情報を得ることは稀であり、不確実性を伴うこともあります。こうした状況での決断は、リスクと報酬のバランスを考慮しつつ進むべき一歩を見極めるものです。選択肢の中から最適なものを見つけるためには、自己の価値観や目標を明確にし、それに合致する選択を追求することがとても重要です。また、過去の経験や他者の意見も参考にすることで、より良い判断ができるでしょう。何より決断には行動が伴うことも大切です。決断を先送りにせず、行動を起こすことで、新たな可能性や機会が開かれることもあります。また、行動を起こすことで自信や自己信頼が増し、将来の決断にも影響を与えることでしょう。あなたが選んだ末、選択した先を正解にするのが、本来あなたがやる事です。

今からでは遅いなんてことはありません。まとめると、選択や決断は私たちの人生を形成する重要なプロセスです。情報収集、価値観の明確化、他者の意見を参考にすることで、より良い判断ができるでしょう。決断の際には多少のリスクを受け入れつつも、自信を持って行動することが、成功への一歩となることを忘れてはなりません。今の仕事をとことんまで突き詰めるのか、スパッと転職をするのか、もし毎日惰性で仕事をしているのであれば、今この瞬間が決断の時です。思った時がタイミングです。

「残るのも辞めるのもあなた次第。中途半端に仕事に向き合うな」

没頭すること夢中になること

夢中になることとは、人生において深い喜びと成長をもたらす特別な経験です。その活動に没頭することで、時間が忘れられ、心と意識が一体化する状態を感じることができます。夢中になることは、私たちの内面の情熱や好奇心と出会い、人生を豊かにする源です。ただし

人が集中できる時間は90分が限度とされています。レム睡眠とノンレム睡眠のように日中も集中力が高まる90分と眠気の出る20分が交互に現れるといわれており、90分を目安に休憩を挟むことで効率よく仕事ができます。

ベストセラー作家でもある、精神科医の樺沢紫苑先生が提唱する「15－45－90の法則」というものがあります。これは、人が集中できる時間は15分・45分・90分の3つであるという法則で、15分は特に集中できる時間とされており、深い集中力が求められる同時通訳者はこの15分を目安に交

代するといわれています。

45分は一般的な集中時間で、学校の授業時間も40～50分程度で設定されています。90分は、大学の講義やサッカーの試合などで採用されており、人が集中できる時間の限界といわれています。


ただガムシャラに仕事を進めるのではなく、15分以内に○○を終わらせる、90分経ったら休憩を挟むなど、限られた時間内でやるべきことをこなすことで自分なりの工夫や時短方法が見えてきます。夢中になることは、創造性や創造的な思考を促進します。その活動に没頭する中で、新しいアイデアや解決策が湧き上がり、自身の可能性を広げることができます。この創造的なプロセスは、自己表現や新たなスキルの習得につながります。また、ストレスの軽減やリラックスにも効果的です。その活動に没頭することで、日常の悩みやプレッシャーから解放され、心地よい状態に浸ることができます。この心地よさは、心身の健康をサポートします。私のビジネスパートナーの1人はその辺りをとても徹底しており、机にストップウオッチをおき、分単位での業務の最短化を図る指標にしていました。また、周囲の環境や私生活とのバランスを保つことも大切です。ただし無理に時間を作ろうとして、睡眠時間をおもいっきり削る事や急いで食事をすることはオススメしません。

上手に時間を使いこなしていき、夢中になることがバランスの取れた人生を築く一助となることでしょう。
時間をうまく使える人が、意義があり生産性のある人生を送ることができます。

「仕事を前倒しする事で、あなたの能力は肥大化する」

頼むことを恐れない　自分の得手、不得手を理解する

頼むことを恐れないことは、個人の成長や人間関係の深化において重要なステップです。頼ることは弱さや依存と混同されることもありますが、実際には勇気と自己認識の表れです。頼むことを恐れない意義とその影響について探ってみましょう。頼むことを恐れない姿勢は、あなたの学びや成長を促進します。他人に協力を求めることで、人や組織を動かす力が身につき、新たな知識や視点を得る機会が広がります。過去の経験や専門知識だけでは限界があるため、自発的に周囲の協力を図ることは、個人のスキルアップに寄与します。

よくこんな言葉を耳にします。

この業務は自分でやった方が捗るし、他の人に教えている暇がない。

果たして本当にそうでしょうか？

「時間がない」という言葉はこれまでの人生の中で何回も聞いてきましたが、その言葉を聞くたびに私は、時間を作り出す事にフォーカスしきれていないだけじゃないかな？　と思います。


どんな仕事でも自分の得意分野があれば苦手分野もあります。

自分の得意分野は率先して引き受けて更にスキルを上げて、苦手分野については、時間を割かずにどんどん人に任せることが重要です。


確かに人に教える事、依頼をする事は疲れますし、最初のうちは、思うようにうまくいかないこともあります。ただ、あなたが組織の中で仕事をしているようであれば、どんどん人に任せることに注力しましょう。また頼ることは、人間関係を深める大切な要素でもあります。助けを求めることで信頼関係が築かれ、協力や共感の機会が増えます。仕事を任された人は業務を受け入れることで、孤立感を軽減し、責任感が生まれるため、モチベーションにも繋がり、仕事の効率化が生まれます。頼むことをためらうのは、自信のなさやプライドの影響もあるかもしれません。しかし、頼ることは弱さを示すのではなく、むしろ自分の限界を認識し、協力を通じて進化する姿勢です。他人との連携を通じて得られる成果は、個人の力だけでは到達できない領域なのです。

私自身の話をすると、細かい数字やマーケティングに関しては、できればやりたくない、とても時間がかかるという苦手意識がありますが、そこを克服しようとは思っていません。

顧問をしていただいている税理士やマーケティングが得意なプロに外注して業務の効率化を図ります。その分、自分の得意分野である話すことや書くことに注力し、より多くの価値を生み出すことを心がけています。

世の中には完璧な人などいません。ことわざを使うのであれば、餅は餅屋です。自分が苦手だなと思うことは、得意な人や専門家に任せていきましょう。

同時に自分の得手・不得手が何なのかの棚卸しをするところから始めていきましょう。それが見つかれば、あとは自らのスキルを上げることに全集中するのみです。

「何でも自分でやろうとしない。得手を伸ばすことだけに意識を向ける」

第5章　習慣の悪魔

この章ではあなたの心の中にいる習慣の悪魔についてお話をしていきます。「習慣の悪魔」とは、自分自身が気づかないうちに身につけてしまった、良くない習慣や癖のことです。これらの習慣は、日々の行動や考え方に影響を与え、あなたの健康や心に悪い影響を及ぼすことがあります。一言に習慣と言っても、自分でも気がついていない、ついついやってしまっている事なども含まれます。習慣には、良い習慣と悪い習慣があり、それらをきちんと知ることで、あなたの人生を大きく変えていくと言っても過言ではありません。もちろん良い習慣であればそのまま継続していくべきです。ここでは悪いと思える習慣を少しずつでも改善する事により、今までと違った自分になることで、あなたを取り巻く環境の変化に気づいていきます。

習慣の悪魔には、いくつかの特徴があります。まず、無意識に繰り返す行動や思考が含まれます。例えば、ストレスを感じるとついついお菓子を食べ過ぎてしまう、何時間もＳＮＳやYouTubeを見続けて時間を無駄にするなどです。これらの習慣は長期間続くと、ますます強化して抜け出すのが難しくなってしまうことがあります。

他にも、慢性的な運動不足や不健康な食生活、あなたを苦しめ続ける過度のストレスなどがこれに含まれます。また、これらの習慣は、あなたが目指すべく理想像から遠ざけ、自己成長や目標達成の妨げにもなります。新しいことに挑戦する意欲を失い、自分を成長させるチャンスを逃してしまうかもしれません。

習慣の悪魔に向き合うためには、いくつかの方法があります。まず、起床から就寝までを振り返り、自分自身の習慣をこの機会にきちんと見つめ直してみましょう。どの習慣が良くない影響を及ぼしているかを認識することが最初にするべきことでもあり、最も重要です。

また、ネガティブな習慣を良い習慣に変える方法を見つけることも大切です。例えば、ストレスを感じた時には自分なりのストレス発散法をなるべく早く行う、ちょっとした運動や深呼吸を取り入れる事も良いでしょう。あなたにとって良い習慣を続けることで、少しずつポジティブな変化が現れるでしょう。

そして、この変化を持続するためには、意識的な努力とちょっとした工夫が必要です。無意識に行動するのではなく、毎日の選択を意識的に行うことが大切です。もし一人で難しい場合は、友人や家族、職場の人からアドバイスをもらうことも有効です。

習慣の悪魔は、長年依存している習慣だと、すぐに変えるのが難しいこともありますが、まずは小さな一歩から始めていきましょう。大切なあなた自身の健康や幸せを考えて、良い習慣を身につけることで、周りの環境もガラリと変わります。それにより、今よりも良い生活を実現することができます。

たかが習慣、されど習慣。

決して侮ることのできない習慣の悪魔を認識するところから始めていきましょう。

自分の癖を他人に聞く

まず、他人に自分の癖を尋ねることは、自己認識を深める手段となります。自分では気づいていないクセや行動パターンが、他人の観察から浮き彫りになることがあります。他人の視点を通じて、自分自身を客観的に評価し、改善の余地がある領域を見つけることができます。

自分から見た自分と、他人から見た自分には大きな違いがあることを理解している人はどれだけいるでしょうか。

心理学や自己分析を学んだことがある人は「ジョハリの窓」という言葉を耳にしたことがあるかもしれません。

「ジョハリの窓」とは、自己分析をおこなう際に使用する心理学モデルのひとつで、「自分から見た自分」と「他人から見た自分」の情報を切りわけて分析することで、自己理解を深めるというものです。1955年にアメリカの心理学者ジョセフ・ルフトとハリ・インガムが「対人関係における気づきのグラフモデル」を発表し、これが後に2人の名前を組み合わせた「ジョハリの窓」と呼ばれるようになりました。

ジョハリの窓には大きく分けて4つの項目がありますが、ここでは1つだけ紹介したいと思います。それは「盲点の窓」と呼ばれるものです。他人は気付いているが、自分では気づいていない自己のことを差します。わかりやすい例として「思わぬ長所」や「思わぬ指摘」などがあげられます。ときどき「盲点だった…」「えっそうなの?」という言葉を使うように、相手に言われてはじめてハッと気づくことはありませんか?　食べ方や歩き方、他にも日常の仕草や話し方など様々です。

なかなか自分の癖を他人に聞くことはないかと思いますが、自己理解の為にもぜひやってみてください。他人からのフィードバックを受けることは、個人の成長に繋がります。他人の意見を通じて、自分の強みや改善点を明確にし、スキルや行動の向上に取り組むことができます。他人の視点は、新たな視座を提供してくれて、新しいアプローチを見つける手助けをしてくれるのです。

あなたが知らず知らず、他人にとって不快な癖を出してしまっているかもしれません。不快にならないような癖でも、そんな自分もいたのか、と新たな発見があります。私の話をすると、何十年か前に、友人に歩く姿勢が良くないねと言われたことがあり、それからなるべく背筋を伸ばすことを意識してきました。その些細な一言で現在では歩く時だけでなく、座っている時も自然と背筋が伸びています。その結果、姿勢が綺麗と言われることもあり、猫背にならないので、今まで肩が凝るという経験をした事がありません。ほんの一言かもしれませんが、今では無意識で行えている習慣です。

もちろん悪い癖だけではなく、良い癖もあるので、そういったところもどんどん聞いていき自己理解を深めていきましょう。自分の癖を他人に尋ねる際には、オープンで受け入れる姿勢が求められます。他人からの意見に対して耳を傾け、厳しい事や予想外の事を言われても非難や攻撃と捉えないことが大切です。また、信頼できる人や建設的なフィードバックを提供できる人に相談することが重要です。他人から教えてもらう癖は、良い癖であっても悪い癖であっても、まずは素直に聞き入れるべきです。自分を深くまで理解してくと他者への関わり方にも影響してきます。人間関係をうまく構築できていない、他者との距離がつかみにくい、と感じている方は、仲の良い周りの友人・知人・職場内や家族などにも、是非聞いてみてください。良くも悪くも新たな自分が見つかることで、更なる自己認識が拡がり自分の器を大きくしていきます。

「自分を深くまで知ることで、人生の攻略ができてくる」

日々の当たり前の中で、気づきと感謝を大切に

もし、あなたが安心して眠れる場所があり、食事に困らず、夜寝る前にほんの少し本を読む時間があれば、それは十分幸せなことです。人は、他人軸と比べることで、自分軸のバランスを崩すのです。

日常を過ごす中で、なんとなく仕事に行き、なんとなくの休日を過ごす日常なのか、日常の中の些細なことにも、たくさんの有り難みを感じる日常なのかでは、人生の満足度が大きく変わってきます。

どうしても現代では日々の生活に追われがちで日常の些細なことには感謝する暇もなく、慌ただしく時間が過ぎていくかと思いますが、ちょっとした気づきにも感謝をすることで温かい気持ちにもなれます。一般的に「当たり前」とは、何かが普通で、特別なことではないという意味で使われます。しかし、この「普通」という基準は、文化や社会によって大きく異なります。あることが日本では当たり前であっても、他の国では珍しいかもしれません。したがって、「当たり前」は相対的な概念であり、広範な解釈が可能です。

一方で、「当たり前」には無意識のうちに物事を受け入れてしまう傾向があります。それは、習慣や社会的な圧力によって形成された思考パターンに基づいています。しかし、このような「当たり前」に疑問を持ち、自分の価値観や信念に合致するかどうかを考えることは、個人の成長と自己認識の一環となります。

私が数年前に、海外の貧困地域に行った際に、ストリートチルドレンや傷痍（しょうい）軍人などを目の当たりにしました。「今を生きる」という懸命な姿は、非常に衝撃的だったのを今でも鮮明に覚えています。

もし今のあなたが、命の危機に怯えることもなく生活できているのがどれだけ凄いことかを感じ、自分が恵まれた環境にいることが、いかに当たり前でないかを思い、毎日を生きられているという感謝を持つことがとても大切です。「当たり前」を振り返り、自分の選択や行動に対して常に、新たな視点を受け入れることで、より充実した人生を築くことができます。

リモートワークが進み、非常に便利な世の中になってきていますが、その分、人との関わりは減ってしまっています。ただ、人は一人では生きていけず社会との関わりは必ずあります。あらためて家族や友人、職場の方などに対しても感謝の気持ちを持つことや、ありがとうと言葉にすることで、何かが変わっていくはずです。感謝は人間関係、幸福感、心身の健康に寄与する重要な感情です。感謝を通じて、あなたの周囲の人々とのつながりを深めることができます。感謝の意を忘れず、日常生活に取り入れることで、より幸福で満足度の高い人生を追求していきましょう。

そうすることで、何よりもあなたの心持ちが一番変わります。「当たり前」に疑問を持ち、自分自身の考え方や価値観を見つめ直すことは、個人の成長と幸福につながる重要なプロセスであると言えます。

ほんの少しの心掛けで、普段見ている景色が今までと違ったものになり、新たな感謝が生まれるサイクルが出来上がっていき、それが習慣化されていくと、あなたの環境も自然と変わっていき、人生はがより豊かなものになるはずです。

「些細な事で感謝を感じると、日常の言動や行動が自ずと変わっていく」

ウィズコロナで分かったこと　自分の存在意義とは？

２０２０年より始まった、コロナウイルスの影響で日常の生活の縛りはもちろん、世の中は経済的、精神的に疲弊しており、２０２４年になってようやく立て直しの段階に入ってきました。今までの常識が、非常識になったり、あらゆる制限がかかったことで本来の「自由」という概念が狭まりました。

多くの企業でリモートワークが進み在宅で仕事をする機会が増えたことで、自分の生き方や働き方を改めて見直した方も多かったのではないでしょうか。ウィズコロナは変化を受け入れ、柔軟性を持つことが不可欠です。新しい状況に適応し、新たな生活様式やビジネスモデルを創造することで、将来に向けて持続可能な社会を構築することができるでしょう。

何を伝えたいかというと、どんな状況であれ最終的にあなたを守るのはあなた自身で、国や行政、会社ではないということです。コロナ禍のように社会が大きく変わるとき、あなた自身の価値が本当に重要になってきます。

そんなことを言われても、自分には人と比べた時に自慢できる価値なんてあるのかな？　そもそも自分に人から必要とされる価値があるのだろうか？　と思う方もいるかもしれませんが、前述の通りこの世には価値のない人間は存在しません。気づいていないだけで、あなたがいることで生まれている価値は必ず存在します。自分の存在意義を見つけるためには、自分が何者であり、どんな価値観や何に対して情熱を持っているのかを知ることがスタート地点です。自己認識を深めるためには、時間をかけて自己反省と改善を繰り返し行い、自分自身と対話することが必要です。

世の中に大きな変化があり、「個」の価値が問われている今こそ、自分には誰に向けて何ができるかを真剣に考える時なのです。自己成長も、存在意義の探求において重要となります。新しいスキルを習得し、新たな挑戦に取り組むことは、自分自身を高め、自己評価を向上させます。成長とは、あなたの存在意義をより明確にし、充実感を得る手段と、言えます。

自分の存在意義や「個」としてやるべきことを考え、突き詰めて行動をした先に、あなたの本当の価値が見つかり、更に社会に必要とされる人材になることができます。存在意義は固定的なものではなく、人生の過程で変化することもあるので、新しい目標や夢を見つけることは、存在意義を再定義する機会となります。

過去の経験や学びを活かして、常に成長し続けることが、あなたの豊かな存在意義を見つける鍵と言えるでしょう。

「私には価値がある。そう思い込むところからスタート」

無意識をコントロールする

人間の意識は顕在意識＋潜在意識で成り立っていて、顕在意識とは気付いて使うことができる意識のことで表層意識とも呼ばれています。

例えば、今日はどの服を着て出かけようか、夕飯は何にしようか、など文字通り頭の中で考えている部分の意識が顕在意識です。

一方、潜在意識とはまったく考えていないのに使っている意識のことで無意識と言い換えることができます。靴下を右から履くか左から履くか、お風呂で始めにどこから洗うか、こんなことはいちいち考えないで無意識で行動をしているのではないでしょうか？　これが無意識下の行動で、少し考えると無意識下での行動はとても多いことに気付くはずです。

実際に、人は顕在意識が5％～10％、潜在意識が９０％以上と言われています。生活の中のほとんどのことを人間は無意識で行っているのです。

この90％の無意識を少しずつ自分の意識下にもってくることで今までは気付かないまま放置してしまっていたことに気づくこともでき、思考がよりクリアになります。なんでこうなってしまったのだろう、といった後になって気付く失敗や後悔が大きく減るはずです。まず、無意識の力を理解しましょう。無意識は、日常的な行動や反応を制御するための省エネルギーモードのようなものです。これは、情報の処理を高速化し、環境への適応を支援します。しかし、無意識は過去の経験や信念に基づいて動作し、時には思考や行動に制約を与えることがあります。肝心なことは、無意識に肯定的なプログラムを構築していくという事です。アファメーションなども、行っていくとその効果に驚くはずです。

例えば、「私は成功する能力がある」と毎日意識的に自己暗示をかけるとします。最初のうちは、できるのかな？　という事でも言い続けていくと、あれ、できるかも？　から、できるように思考し行動が習慣化されていくと脳が勘違いしていくので、そうなったらもう成功は目の前です。「なぜだか分からないけど」と付け加えるのも効果的です。その言葉を使うことにより、脳がフルパワーで稼働し成功するのに「なぜ？」を探し始めるからです。

さらに、どうやって無意識を意識するかというと、今こんなことをやっていると頭の中で実況する、時には声に出してみることです。次に、無意識に対して意識的な注意を向けましょう。自己観察を通じて、無意識のプロセスや思考パターンに気づくことができます。これにより、無意識の制約から少しずつ解放され、より意識的な選択をすることが可能になります。こうすることで少しずつ今まで意識をしていなかった行動に気づいていくことができます。無意識は、自己評価や今までの価値観や信念に影響をモロに受けます。肯定的な言葉やアファーメーションを繰り返すことで、無意識にポジティブなプログラムをあなたの中にインストールし、自己成長を促進します。習慣化が無意識の力を最大限に活用する方法の一つです。ポジティブな習慣を積み重ねることで、無意識は自動的に望ましい行動に導いてくれます。継続的な訓練と意識的な努力が必要ですが、無意識の力を活かすことで、より成果を上げることが可能です。無意識は目に見えない私たちの内なる宝です。その可能性を活かし、より良い人生を築くために、潜在意識を活用し、顕在意識との連携を深めましょう。

あなたの中に本来ある「できる」や「可能性」を日々の無意識からたくさん引き出していきましょう。

「無意識をあなたの味方につけることで、潜在意識にも大きく影響する」

0から1が最も大変

〝0から1〟、つまり何もない状態から新しいものを生み出すことは、多くの場合、最も大変で挑戦的なことの一つです。

重い腰を上げて、ようやく始めることができたのは、やろうと決めた日から何日も何週間も経ってからだった。こんなことに思い当たる節はありませんか？

人は何かをするときに、行動する意味やメリットを感じないと動きにくい生き物です。

人間には、種を存続させるために備わっている2つの基本的な本能があると言われています。その2つは、「得たい欲求」と「失いたくない欲求」です。快楽と痛みの法則なんて呼ばれることもありますが、簡単に言うと損得の欲求です。

人は古来、「得たい欲求」によって自分を生存させ種を増やし続けてきました。食欲によって栄養源を確保するよう仕向け、性欲によって種を存続させるよう仕向け、睡眠欲で疲れた体を回復させようと仕向ける、こうやって生存し続けてきたのです。

それと同時に「失いたくない欲求」も身を守るためには必要でした。危険な動物に対して人間は無力ですが、今日まで生き残ってこられたのは「恐怖や不安」といった負の感情があったからです。この「失いたくない欲求」は、「めんどくさい」という感情に大きく関係しています。めんどくさがってラクをしようとするのは、いざというときのためにエネルギーを温存しておこうという本能的な働きがその裏にあるのです。

つまり、その本能的な欲求を上回る「魅力的な行動する意味やメリット」がなければ、なかなか重い腰を上げられないわけです。

しかし、今あなたはこの本能の悪魔に気づき、知りました。人間は他の動物と違って思考し理性で判断をすることができる生き物です。何となくやる気が起きないのは、いろいろな要因があるものの根底には、本能が邪魔をしているだけなので、決してあなたが悪いという事はありません。(笑)

まずは理性で物事を判断して、何をするかを「決める」ことから始めましょう。

最初の5分だけやってみる。その次はあと5分、10分と伸ばしていくことを意識しましょう。着手することで、やる気が出てきます。やる気が出てからやろうだと、先延ばしになり結果何もせずに終わったなんて事も十分にあり得ます。

やる気がない時こそ、実際に行動に移していくのです。

今までやっていなかったことをやり、習慣を変えることはとても大変だからこそ、自ら意識をしていかないとなかなか変わりません。〝0から1〟は、あなたの新しい可能性を引き出す素晴らしい

冒険の始まりでもあります。自分自身を信じ、困難に立ち向かいながら、新しいものを生み出す喜びを味わいましょう

これまで気付かなかった本能を意識して、めんどくさいに今すぐ蓋をすることから始めてみてはいかがでしょうか?。

「本能に従い続けると、自らの破滅を呼び起こす」

習慣が人格を創る

人格は習慣の積み重ねであり、あなたの基盤を作っていると言っても過言ではありません。毎日の小さな選択と行動が、最終的に自分という特徴や性格を形成します。ギリシャの哲学者であるアリストテレスの言葉通り、「私たちは何かを何度も行うことによって、卓越性が生まれるのです」という言葉を残しています。スポーツでも勉強でも繰り返しの反復や練習により、精度が上がって

いきます。

習慣になるために必要な日数は諸説ありますが、ここでは21日説という例を取り上げます。その名の通り、「21日」という時間が習慣を身につけるために必要な時間だとされています。

この21という数字について、科学系メディアのLive Scienceが解説しています。


習慣を身につけるために必要な日数が「21日」とされるようになったのは、1960年に美容整形外科医のマクスウェル・マルツ博士が著した自己啓発本「サイコ・サイバネティクス」の中で、美容外科手術を受けた患者が外見の精神的イメージを変えるのに21日かかると記して以降のことだそうです。良い習慣は、積極的で健全な人格を育むための鍵であり、例えば、毎朝のジョギングや読書の習慣は、健康的で知識豊富な人格を育むでしょう。また、思いやりや感謝の習慣は、他人を思いやる優れた人格を形成します。逆に、悪い習慣は、人格に負の影響を及ぼしていきます。例えば、何をするにも怠惰や過度の飲酒といった習慣は、不健康で乱れた生活習慣をもたらす可能性があります。これらの習慣が慢性的に続くと、自己規律を欠いた人格を形成し、人生の質そのものを低下させることがあります。

もし、あなたが取り入れたい習慣を見つけたのなら、まず21日間続けることが必要です。

3日坊主という言葉もありますが、7倍の日数が必要になってくるので最初のうちは大変かもしれませんが、必ず継続することで得る物や事が明確に表れてくるでしょう。半信半疑でも、まずは21日やり切る事を意識しましょう。

また、みなさんも1度は耳にし、聞いたことがある方もいるかも知れませんが、ベストセラー「7つの習慣」で有名なスティーブン・R・コヴィー博士は、

『私達の人格は習慣の総体である』

という言葉を伝えてくれていますが、まさにその通りではないでしょうか？

最初に始めた小さな習慣は、少しずつあなたの人格を変え、最終的には人生すら大きく変えてしまうほどの影響力を持っています。言葉使いや言動、行動に至る様々な様式。

この言葉にもあるように、少しずつで構わないので理想とする生活や人物像を考え、たかが習慣と侮らず、行動に移した時の気持ちを定期的に思い出し、まずは21日続けてください。そこから先のあなたは良い習慣を手に入れてより一層充実した日々を送ることができます。

「習慣を継続できた先に何を得られるのか鮮明にイメージする」

魔法の言葉「私はなんでもできる」

欧米と比較した際に日本人の自己肯定感が低いことは常々問題とされ、自己肯定感を高めようとさまざまな試みがなされています。

各種国際比較調査のデータを見ると、日本人の自己肯定感の低さは際立っていて一向に高まる気配はありません。

少し前のデータとなりますが、平成30年度（２０１８年）版の内閣府調査でも、「自分に満足」という人の比率は、欧米諸国で80％台なのに対して日本では40％台、「自分には長所がある」という人の比率は、欧米諸国では90％前後なのに対して日本では60％程度となっていました。

このような結果になる理由の一つとして、そもそもの教育に対する違いがあります。米国の幼稚園・保育園の先生や園児の保護者は、「自信を持てる」子になることが最も大切だとしているのに対し、日本の幼稚園・保育園の先生や園児の保護者は、「共感・同情・他の人への心配り」ができる子になることが最も大切にしているといったことがあげられます。所謂「他人に迷惑をかけない子供に育ってほしい」といったものです。また、幼少期の頃から自分で物事を考えて決定していく回数が少なく、大人になっても自己決定が苦手で周囲に依存しがちという理由もあります。

自己肯定感の低い人は自分に自信を持つことができないため、自分自身が下した決断にもこれでいいのかな？　と自信と責任を持つことが苦手な傾向があります。

謙虚で聞き上手な日本人という美学はありますが、時には自己主張も大切です。他人軸の人生にするのではなく自分を容認し、自分軸の人生を歩むためにも、悪いところや欠点も含め、すべて自分なのだと認識し、ちょっとした成功体験やチャレンジする事を積み重ねていきましょう。

「例えば、いつもより30分早く起きて○○できた」「3日間で1キロ痩せられた」「社歴が10年を越えた」など、ほんの些細な事を積み重ねていくと、自信につながり、「できる自分」を自分が認めるようになっていきます。いつの時代も自信に満ち溢れている人は、魅力的に見えて素敵です。自己嫌悪は誰にでも時折訪れる感情ですが、それに立ち向かい、自己受容と自己理解を促進することで、より前向きな人生を築く手助けとなります。あなたが「何でもできる」という信念を持つと、創造性を刺激し、新しいアイデアやアプローチを生み出す原動力となっていきます。制約や枠組みに縛られず、可能性を追求する姿勢が、革新的な成果を生み出す源となるでしょう。

しかし、この信念は単なる言葉だけでなく、行動を伴うことが非常に大切です。自分の目標を明確にし、計画を立て、コツコツと努力を重ねることが必要です。信念だけでは成し遂げられないこともありますが、信念が行動を促す原動力となり、避けては通れない困難を乗り越える力を与えてくれます。

できない理由を考えずに、常にどうしたらできるか、そのために今、何ができて、何をするべきかを考えましょう。あなたができることは、まだまだあります。

「何だっていい。ほんの小さな成功体験の積み重ねが、あなたの強固な自信に繋がる」

やるべきことを、やらないようにする。いる習慣といらない習慣。

やるべきことをやらないようにすると言われても、理解し難く何を言っているのだと思うかもしれません。ここで私が皆さんに伝えたいのは、日常生活において、やるべきことに優先順位をつけるということです。1日の中で具体的にやるべきことを具体的に紙に書き出してみると意外と1つか2つ今日やらなくても、自分がやらなくてもよかったことが見つかったりもします。

例えば1日をざっくりと3つの時間で分解した時に、8時間は仕事、8時間は睡眠、で16時間はやるべきことをやっているかと思います。では、残りの8時間は何をしていますか？
食事やトイレ、入浴以外に、趣味や、はたまた資格取得に向けて励んでいるといったことでしょうか？　きっとそこまでやり切れている人は少なく、疲れて何となくスマホでボーっと1~2時間なんて人も多いのではないでしょうか。これを否定するつもりはありませんが、一つおすすめの習慣としてデジタルデットクスを行ってみるといいです。デジタルデトックスとは、パソコンやスマホ、タブレットと意図的に距離を置いて、ディスプレイから解放される時間を作ることですが、単に画面を見ないというだけでなく、ディスプレイの向こう側にあるさまざまな情報から切り離されることで、今、目の前にある風景を楽しむなど、現実の世界に集中することができます。

デジタルデトックスには、長時間ディスプレイを見ることによる目の疲れや肩こり、睡眠の質の低下など、直接的な身体の不調を軽減するのはもちろんですが、様々な情報を遮断することで、知らず知らずのうちに蓄積されてしまうストレスを解消し、心身ともにより良い状態になります。

この時間を利用して、自分の感情と向き合い本当に心からワクワクできる、チャレンジしたい事を明確にして、自分にとって本当に大切な優先順位を紙に書き出し、1日のルーティンの中で捨てるべきものを見直し、より良い人生にしていきましょう。

私の場合は、毎週のサウナの時間を含めて○時〜○時はスマホ・PCを見ない・触れないを決め、自分のやるべきことを明確にして定期的に改善しています。そうする事で仕事の優先順位や人生の優先順位がブラッシュアップされて、行動するべきポイントがより絞れていきます。

さて、1日の中で今あなたの捨てるべき習慣は何ですか？

「やらない事を決める。人生は有限なのだ」

悪習慣に気づき認める

人は、自分でも気づかない悪い習慣を持っています。もちろんそうでない人もおりますが。それは健康面なのか精神的な面なのか、はたまた経済的な面なのか、それは人それぞれ違います。

そもそも習慣とは、長い間繰り返し行ううちにそうするのが決まりのようになったこと、物事のやり方、社会的なしきたり、学習によって後天的に獲得され反復によって固定化された個人の行動様式などを指します。つまり、いつの間にか日常に定着された事柄のことで、悪い言い方をすると中毒や依存と言えます。最初に、悪習慣を認識しましょう。何が問題で、なぜそれが悪習慣なのかを理解することが重要です。自己評価を行い、その習慣がどのようにあなたの健康、幸福、目標達成に悪影響を与えているかを考えます。これにより、悪習慣を変える動機づけが生まれます。例えば、運動をしないことが健康に与える悪影響を理解し、運動習慣を始める動機となるでしょう。

分かりやすく、アルコール依存やギャンブル依存などです。ここまで明確に悪い習慣でなくても、寝る前にスマホを長時間いじってしまうといった、まぁいいやと思えるような悪い習慣も探してみると意外とあります。

これらの習慣が、あなた自身から見て悪い習慣だと思うようであれば、すぐにその習慣を断つのではなく、まずはその悪い習慣が今の環境や現状を自分が作っていることを認めてみましょう。そして直ぐにやめようとするのではなく、他に代替え品になるような習慣がないか探してみましょう。まずは週7で寝る前に必ず見ていたスマホを週5にしてみてもいいかもしれません。悪習慣は習慣的な行動パターンとして根付いているため、変化には時間がかかることがあります。しかし、挫折せずに続けることが成功の鍵です。失敗は学びの機会と捉え、前進しましょう。

悪い習慣を続けた先の自分と、それを改善していき良い習慣を続けた先の自分のどちらが、よりワクワクする人生を送ることができるかを想像してみてください。もし、重度の悪習慣だと認識している場合には、周りのサポートを求めることも大切です。友人、家族、または専門家の支援を受けることで、悪習慣からの脱却がより実現可能になります。また、同じ目標に向かっている他の人々とコミュニケーションを取ることで、励まし合い、経験を共有できます。

悪い習慣を変えた先にワクワクする自分が想像で来たら今すぐチャレンジしてみるべきです。この章では、何回も出てきますが習慣が人格を作るので、あなたが悪影響と思える習慣を見直すきっかけを意図的に作り、改善することであなたの人生そのものがプラスになっていくでしょう。

「悪習慣イチ早くに気づき、理想とする本当の自分の姿を手に入れよう」

私からあなたに、どうしても伝えたいこと

Demon of emotions

あなたの感情一つで今までと180度違った視界が拡がります。

感情というと喜怒哀楽を真っ先に思い浮かべるかと思います。喜楽をいっぱいにして、毎日がワクワクして朝起きるのが楽しみでしょうがないと思えるような日々を過ごせたら、どんなに素晴らしいでしょうか。きっと今より1日1日を大切にできるハズです。

ところが人生はそう上手くもいかず、時には思いもよらない非難や罵倒をされ、突然の裏切りやトラブルに巻き込まれ、気分が塞ぎ込み、もう他者と関わりたくない、自分は、なんでこんな目に遭わなければいけないのだろう、いつまで経っても自分の人生が報われない。など、なかなか順風満帆にはいかないものです。

私は、20代から様々なビジネス書を読み、その都度自分のメンタル向上や実社会で役立ててきました。20代の頃は若さや勢いで乗り切る事も多々あり怖いもの知らずで、落ち込んでもすぐに立ち直る、一晩寝れば復活‼　本を読めば、すぐにそうなれると思っていました。

しかし30代で、会社を経営するようになり、動かすお金が大きくなっていく事へのプレッシャーや社会的な責任が大きくなり、何をしてもどうしようもなく心が落ち込むことや、自分の力だけでは到底解決のできないことにも何度も直面しました。

そんな時に、当時のビジネスパートナーに教わったことがあります。

君が今、もう立ち直れないほどのピンチにあり、精神的にボロボロで仮に明日生きられるかどうか分からない人生のどん底だとしても、そんなことはどうでも良く、今この瞬間をいかにワクワクできるかの方が余程大切だと。

一点の曇りもなく真剣な眼差しでゆっくりと話してくれました。

私は、ハッと目が覚めました。まさに晴天の霹靂です。

今まで数日間も悩んで、悩んでクヨクヨしていたことが、くだらなくて強張っていた表情も緩み気づいたら笑えてきました。

確かにそうだな。じゃあどうする？　ワクワクする為に今すぐ何ができる？　という思考に切り替えた途端、視界が一気に広がり、全身の血液がフルスピードで駆け巡る感覚がして、情熱を身に纏った瞬間でした。

「大抵のことは、大丈夫」

これは私の好きな言葉で、今まで何とかなってきたし、これからも何とかなるでしょ、という根拠のない自信を長きに渡り私に与え続けてくれます。

未来を悲観し不安が募って気持ちが落ち込む暇があるようだったら、今この瞬間の感情をいかに良いものにするかの方がよっぽど大切なのです。逆にあなたの未来が、歴史年表のように全て丸分かりの人生だったら、そんなにつまらない事はありません。人生何があるか誰にも分からないからこそ、あなたが今を生きる意味を見つけていけるのだと思います。

ここで、感情に関する例を一つ紹介します。

エイブラハムの感情のスケールというものがあります。

今の気持ちを、喜びや退屈、不安や嫉妬などで22段階に分け、自分の今の感情を把握する考え方です。

私は簡易的な形で1段階〜10段階で分かりやすく実践しています。

分かりやすく10点として、1が人生って最高、私って何でもできちゃうという最高の感情。

10が、この世の終わり、暗闇から一生抜け出せないどん底の感情などに設定して、毎日寝る前のほんの数秒で良いので今日の自分に点数をつけましょう。


もし、あなたが日記などをつけているようであれば、なぜその点数なのかを記すのも良いでかもしれません。

たとえば今日のあなたの状態が、非常に悪く10だとしたら、10の状態からいきなり1へ行くことはとても大変で、容易ではありません。そんな時は今日が10点なら明日は9点にしよう、と考えていつもと同じではなく、ちょっとした行動を変えてはどうでしょうか。例えば、前髪の分け目を変えてみる、いつもより10分早起きをしてみるなど。昨日と違う自分を今日変化させていくことで、知らぬ間に感情の変化が現れてきます。もちろん、考えているだけで実際に行動に移さなければ何も変わりません。

そうやって少しでもワクワクした感情にフォーカスして、日々を過ごすようになるとワクワクした出来事が起こり、ワクワクするような人に出逢えたりします。


これは、私が身をもって体験してきたことであり、今でも実践し続けている事です。

寝る前にほんの数秒~数十秒だけでいいので、毎日続ける事です。

そうすることで、不思議と不安や心配などから解放され、俯瞰した目で物事を見られるようになっていきます。


本書をご覧になっているあなたも、決して遅いなんてことは決してありません。自分の人生を諦めるのは早過ぎます。まだやり残したことをやりましょう。それもできるだけ多く。

日々の感情がどれだけ大事で、今まで自分でも気づかないうちにいつの間にか、感情の悪魔に付き纏われ振り回されて、長期に渡りどれだけ苦しめられてきたのか…。

様々な悪魔との向き合い方や対処法などを伝えてきましたが、
そろそろ感情の悪魔と、お別れの時間です。あなたの中にある感情の悪魔が2度と出てこない、おまじないを最後に一つ。

「もう大丈夫。あなただから大丈夫」

「クヨクヨを今すぐやめて、ワクワクを今すぐ始める」

おわりに

感情とは、私たちが生きていく上で欠かせないものです。喜びや悲しみ、怒りや恐れなど、様々な感情を経験し、それによって人生が彩られていきます。しかし、感情をコントロールできなくなると、あらゆる悪影響が生じてその感情に支配され、生きづらさを感じることがあります。本書『感情の悪魔』では、感情のコントロールについての重要性や、感情があなたの人生に与える影響などを5つの章に分けてまとめました。その中でいくつかのヒントをもらったEQの考え方があります。EQとは「Emotional Intelligence Quotient」の略で日本語では「感情指数」、「心の知能指数」と訳され、日常生活において様々なシーンで活用できます。1990年に米国の心理学者ピーター・サロベイ氏とジョン・メイヤー氏により研究された理論です。本書でもその知見を活かして、感情について広く深く掘り下げていきます。

感情についての理解を深めることで、感情に苦しむ人々が自分と向き合い、自分自身をコントロールすることで人生そのものが好転していき、耐え難いストレスや付き纏う不安といった負の感情を払拭していくことができるようになります。

また、人間関係の摩擦が減り、軽やかに毎日を過ごすことができるので、生きづらい世の中で、肩の力が抜けて生きるのが楽になっていくでしょう。

本書をここまで読んで頂いたあなたには、きっと分かるかと思いますが、感情の悪魔にとらわれずに、「今」の感情を自分自身に問いかけること、

今の自分の感情を知る事が非常に重要です。その感情が何を示しているのか、自分自身が本当は何を望んでいるのかを理解することで、その結果、感情をポジティブな方向に持っていき人生そのものをあなたの望む方向に導くことができるようになるのです。

最後に、本書を読んで下さった皆さんに、感情について深く考え、実践して頂き、自分自身に向き合っていただきたいと思います。

本書が、皆さんの人生に寄り添うキッカケになれば幸いです。

この本を手に取って下さったあなたに、心からの感謝を捧げ、この本の締めくくりとさせて頂きます。

著者
清水久（しみず・ひさし）
1982年生まれ。山梨県山梨市出身。自由が丘産能短期大学（経営管理コース）卒業。
株式会社NEO SHAKE HANDS　代表取締役。
10代の頃は絵に描いたような落ちこぼれ。担任になった先生からも諦められた生徒として「劣等生」の烙印を押され、12年間の学生時代を過ごす。偏差値35以下の高校から補習と追試を重ねてギリギリ留年せずに卒業をして、思いつきと勢いだけで上京する。
複雑な家庭環境の中で培った不屈の精神で、ジュエリー業界やブライダル業界、人材業界などを経て、2016年に個人事業主として独立。サラリーマン時代に体得した独自の営業手法や対人関係向上の技術で起業アドバイザーや営業マン向けのセミナーを全国各地で行う。2017年には経営コンサルティングを基軸とした、株式会社NEO SAHAKE HANDSを設立。不定期で行うセミナーでは、多い時に100名以上の参加者が集まり、実際にコンサルティングを受けた企業で、最短で1ヶ月以内に事業売上が2倍になる唯一無二の、厳しくも優しい体感型コンサルティングを行う。
現在も、企業へのコンサルティングや様々な異業種とのアライアンスを組み事業展開のサポートや拡大を行う。２０２４年の秋には自社でのＡＩ事業の推進をするべく、海外との提携を図り新たな挑戦をし続けている。
著書に『挑戦と成長を諦めたくない人の目標達成術』（合同フォレスト）、「ＡＩ、テレワーク時代に生き残るための才能の見つけ方・活かし方」（ごま書房新社）がある。

帯／推薦コメント
山﨑拓巳
１９６５年三重県生まれ。広島大学教育学部中退。20歳で起業。22歳で「有限会社たく」を設立。現在は多岐にわたる事業を同時進行に展開中。
現在までに60数冊、累計２００万部のベストセラー作家。主な著書に『やる気のスイッチ！』『人生のプロジェクト』『スゴイ！　話し方』など。
日本のみならずアメリカ、香港、台湾、韓国、中国ほか、海外でも広く翻訳出版されている。講演活動は、「凄いことはアッサリ起きる」-夢-実現プロデューサーとして、メンタルマネジメント、コミュニケーション術、リーダーシップ論など多ジャンルにわたり行っている。

アーティストとしての活躍の場も拡がり、国内海外にて絵画展、Tシャツやバッグなどの展開も。最近では、映画出演（「少女椿」）、作詞家活動（ムッシュDとのコラボ）、飲食店オーナー等（タクメン@NY）、あらゆる可能性にチャレンジを続け、今後更なる活躍が期待されている。

表紙デザイン／アーティスト
森本来実
2000年 大阪府生まれ
2019年 好文学園女子高等学校 卒業
2023年 京都芸術大学 美術工芸学科 油画コース 卒業

【展示】
2023年「AWAKE Eve.2」/阪急メンズ大阪/大阪
「Transfiguration POP」/GALLERY METABO/京都
「Look at Me」/HELLO GALLERY TOKYO/東京

【ステートメント】

私はいつもゆるされたい、救われたいと思いながら絵を描いている。

愛を求めて子供のままでいたいと思う願望からぬいぐるみや幼児向けのおもちゃにすがりついている。

ぬいぐるみやおもちゃと繋がることでいつまでも子供でいられると信じ、ぬいぐるみに愛を注ぐことで自分が愛されていると錯覚している。

透明の膜は私を包み込み、私を外界から守ってくれる。愛するとは、守ること。

愛情をテーマに、ぬいぐるみやおもちゃを描く。

○著者　清水 久
【公式 HP】 https://shimizuhisashi.com/
【Instagram】@hisashi39soul
https://www.instagram.com/hisashi39soul
【Facebook】 https://www.facebook.com/softjump.softpunk

○帯 / 推薦コメント　山﨑 拓巳
【公式 LINE】 https://lin.ee/7sMz1mM
【Instagram】@dana37
https://www.instagram.com/dana37
【TikTok】 https://www.tiktok.com/@takumi_yamazaki

○表紙デザイン / アーティスト　森本 来実
【HP】 https://morimoto-kurumi.jimdofree.com/
【Instagram】@kurumi_morimoto
https://instagram.com/kurumi_morimoto
【X】@kurumi_morimoto
https://x.com/kurumi_morimoto
【TikTok】 https://www.tiktok.com/@kurumi_morimoto
【Youtube】 https://www.youtube.com/@kurumi_morimoto

感情の悪魔

2024年4月23日　第1刷発行

著　者——— 清水久
発　行——— 日本橋出版
〒103-0023　東京都中央区日本橋本町 2-3-15
https://nihonbashi-pub.co.jp/
電話／03-6273-2638
発　売——— 星雲社（共同出版社・流通責任出版社）
〒112-0005　東京都文京区水道 1-3-30
電話／03-3868-3275
印　刷——— モリモトト印刷

ISBN 978-4-434-33713-0